Yahia Al Mimi

Over the POLITICS

Populismi, sovranismi e regionalismi nel mondo globale

Over the politics
Populismi, sovranismi e regionalismi nel mondo globale
di Yahia Al Mimi
prima edizione: aprile 2020
© 2020, Santelli editore

GESA
Gruppo Editoriale SANTELLI

Santelli editore
Viale Giacomo Mancini 236,
87100 Cosenza
0984.406939
info@santellieditore.it
www.santellieditore.it

I. Introduzione

"Antico, sono ubriacato dalla voce
ch'esce dalle tue bocche quando si schiudono
come verdi campane e si ributtano
indietro e si disciolgono.
La casa delle mie estati lontane,
t'era accanto, lo sai,
là nel paese dove il sole cuoce
e annuvolano l'aria le zanzare.
Come allora oggi la tua presenza impietro,
mare, ma non più degno
mi credo del solenne ammonimento
del tuo respiro. Tu m'hai detto primo
che il piccino fermento
del mio cuore non era che un momento
del tuo; che mi era in fondo
la tua legge rischiosa: esser vasto e diverso
e svuotarsi così d'ogni lordura
come tu fai che sbatti sulle sponde
tra sugheri alghe asterie
le inutili macerie del tuo abisso"

(Mediterraneo, Eugenio Montale)

E così rosmarini, mirti, lecci e oleandri si pongono di fronte agli occhi della mente del/la mio/a caro/a lettore o lettrice, in un iniziale preludio a questo scritto. Da Montale, che ho voluto citare con estremo piacere, una mistica atmosfera carica di simbolismo ed immagini evocative forse potrebbe apparire inadatta a segnare il punto di partenza di uno scritto così prettamente politico. Eppure la politica è sicuramente composta anche da sentimenti, in quanto l'uomo, ancor più il soggetto politico, agisce spinto da pulsioni irrazionali difficilmente controllabili. Chi crede che la politica sia scienza esatta, che i dati finanziari siano alla guida di tutto, ha una visione, oltre che fredda, abbastanza colma di sopravvalutazione dell'individuo umano e/o nello specifico del leader politico e delle oligarchie finanziarie. La storia politica europea, ancor più negli ultimi dieci anni, è stata un susseguirsi interminabile di errori, tra l'altro di rado ammessi, come se l'obiettivo di ciascun governo fosse stato proprio il fallimento in termini sociali, economici e morali.

Analizzare il bisogno di giustizia da parte dei popoli del Mediterraneo richiede dolorosi sforzi ed umana compassione. Vittime dell'onda nera e degli artigiani dell'austerità, questi ultimi sono da tempo rinchiusi in una dimensione oppressiva, una forzatura innaturale, che obbliga a scegliere uno dei due mali, come il respiro affannoso di una colomba destinata a soccombere in una gabbia. La liberazione dei popoli del Mediterraneo è poi strettamente correlata agli sviluppi rivoluzionari in Oriente e nel mondo. Molti sono i modelli che è possibile utilizzare, poche sono le persone disposte a metterli in pratica. Il senso di smarrimento dell'uomo del Mediterraneo è dunque nebbiosa confusione, volta a deragliare il possibile sano compimento del processo rivoluzionario. Le nuove forze progressiste e democratico-populiste dovrebbero urgentemente prendere l'iniziativa, così da poter annientare le trame losche del Mostro Bifronte, rappresentato dalle oligarchie capitalistico-burocratiche e dai nazional-reazionarismi più neri. Quest'area euromediterranea, un luogo tanto ricco di storia, cultura e civiltà, purtroppo è stata vittima di una delle crisi peggiori della storia. Occorre dunque provare a forgiare un inno alla fratellanza dei popoli mediterranei, a lungo denigrati, vessati e umiliati. Basta prendere una cartina geografica e un mappamondo e vedere in quanti paesi del mondo siano in atto conflitti liquidi, rivolte e rivoluzioni per comprendere come sempre l'interesse di pochi sia il motore primario di quanto vi è di sbagliato su questo pianeta. E non solo a livello del Mediterraneo. Non occorre solo parlare di sogni ed utopie perché non è ciò di cui la gente ha bisogno, in particolare i ceti popolari, cioè *de facto* la prima vittima del nemico bifronte già citato. Se poi vogliamo analizzare nello specifico la situazione politica della nostra penisola, cosa che farò nei primi capitoli di questo libro, ci possiamo accorgere in modo veramente eclatante dell'enorme pattumiera che può essere la propaganda di questo paese, che, in nome della fratellanza dei "derelitti" d'Europa, si merita molto meglio di generazioni di pagliacci desiderosi di soddisfare primitivi interessi egoistici. Ognuno è protagonista a suo modo del mondo ed elemento indispensabile di una scacchiera sociale. Occorre, perciò, essere consapevoli del proprio ruolo. Per parlare di area ecomediterranea, sostenendo l'atto di rimpiazzare la post-politica con la politica, ci si può servire pure serenamente degli strumenti della satira e dell'ironia. Il che vuol dire, inoltre, denudare delle loro insegne molti di quei padroni in giacca e cravatta e mettere in luce le debolezze di quell'establishment che si ritiene infallibile, ma di cui si potrebbe tranquillamente fare a meno. Considerando che presumibilmente ci sono più politici incapaci sulla terraferma che pesci che nuotano nelle acque mediterranee, la consapevolezza della situazione attuale potrebbe essere il primo passo per inaugurare il cambiamento, quel cambio di sistema che occorre lambisca presto le coste greche, spagnole, italiane e portoghesi. E magari potrebbe succedere che la rinascita euromediterranea possa far tremare, mediante un movimento transnazionale, ciascuno di quei tristi sorseggiatori di vino attaccati alle loro poltrone. Per poter contribuire alla rinascita socialista dei popoli del Mediterraneo non bisognerebbe mai ergersi a difensori del moderatismo e di quell'irresponsabile socialdemocrazia che ha letteralmente devastato l'intero Vecchio Continente, con la serena complicità delle forze liberalconservatrici. Costoro, in fin dei conti, non sono meno peggio delle nuove formazioni nere. A ciascuno dei patrioti mediterranei è consentito coltivare la speranza di un' Italia migliore, di una Spagna migliore, di una Catalogna libera, di una Grecia nuovamente prospera e di un Portogallo sviluppato.

Uno degli obiettivi che andrebbero posti con molta tenacia è quello di forgiare una *coscienza* euromediterranea, in modo che, se mai queste idee incontreranno diffusione, qualche esponente politico, orfano delle varie esperienze tradizionali, possa trarre spunto da questi capisaldi per creare un progetto concreto. È vero che questa direzione in parte era già stata imboccata da movimenti come *Eurostop* e *Diem25*, naturalmente con approcci differenti, ma non con quella convinzione populista che servirebbe a rendere solida questa mentalità. La stessa parola *populismo*, molto utilizzata nel gergo politico attuale, deve essere oggetto di analisi in tutte le sue sfumature sull'arco ideologico.

La forza con cui i popoli del Mediterraneo ripiomberanno sullo scenario politico dovrebbe essere direttamente proporzionale all'originalità e alla modernità del progetto rivoluzionario, che oc-

corre sia libero da tradizionalismi centralistici e da stalinismi antro-
pocentrici. Lo statocentrismo burocratico ed il capitalismo finanziario avanzano minacciosamente, lasciandosi sulle spalle la pece
scottante dei liquami della reazione. Questo inchiostro ustionante
la democrazia dirige al bisogno di radicalizzare le istituzioni democratiche, attualmente piuttosto imperfette. Servirebbe perciò dare
più democrazia, dunque decentralizzare il più possibile i processi
decisionali, in modo da garantire una partecipazione sana e genu-
ina. La democrazia rappresentativa attuale presenta non pochi deficit strutturali, che accumulandosi finiscono inevitabilmente con
il schiavizzare i popoli del Mediterraneo. Nonostante il pensiero di
Mouffe-Laclau sia molto abile nel smascherare le debolezze della
postpolitica, sarebbe bene e giusto comprendere come le istituzioni attuali siano colpevoli del manifestare delle mancanze anche
interne alla pura politica. Il mondo postpolitico, che ha condotto il
politico a divenire un esecutore tecnico, ha semplicemente infetta-
to una ferita già esistente. La postpolitica è dunque un processo di
decadenza naturale, che può essere evitato non solo conquistando
l'egemonia culturale, ma anche trasformando pienamente l'ossa-
tura radiosa della democrazia reale. Se la postpolitica va completamente eliminata, in modo che la radicalizzazione sia garantita
senza il minimo ostacolo, l'atto di eliminazione deve condurre ad
un nuovo modo di fare politica. Anche in tempi in cui la politica funzionava e la postpolitica non stroncava alcuna legittima aspirazione
democratica, i processi decisionali non erano ancora emanazione
di nobili volontà popolari provenienti dal basso. La progressiva sus-
sunzione, assunzione e superamento del pensiero di Mouffe-Laclau
consiste semplicemente nell'estremizzazione di quanto già sostenuto in *Egemonia e Strategia Socialista* e in *Per Un Populismo di
Sinistra*.

II. PIGS: quale ricetta politica?

Troika e New Deal

È il 2008: siamo di fronte ad una delle crisi peggiori del globo, a tal punto che molti decidono di osare il paragone storico con la *Grande Depressione* del 1929. Quest'ultima aveva messo in ginocchio l'economia americana a tal punto da spingere il presidente statunitense Franklin Delano Roosevelt a mettere in discussione gli stessi principi liberisti su cui poggiava buona parte della mentalità a stelle e strisce. Non mi soffermerò ad annoiarvi con una lunga digressione storica, ma occorre che faccia presente una cosa piccola ma rilevante. Ciò a cui voglio arrivare è la famosa soluzione all'epoca individuata da questo presidente illuminato, poi confluita nel piano di salvataggio conosciuto da tutti come *New Deal*, ossia *nuovo corso*. Ebbene la misura immediata era l'interruzione delle politiche di austerità, dunque l'intervento dello stato diretto nell'economia del paese. Si trattava di qualcosa di sensazionale all'epoca, poiché era una diretta applicazione delle teorie keynesiane nella patria tradizionale del libero mercato. John Maynard Keynes oggi è considerato uno dei più influenti economisti del XX secolo ed il suo pensiero è straordinariamente utile per proporre una soluzione all'attuale crisi euromediterranea, nonostante le politiche pubbliche che sostengo siano di matrice regionale. Di fatto sia io che Keynes siamo antimarxisti convinti e sosteniamo una qualche forma di intervento pubblico nell'economia di un paese. Ci sono, però, anche elementi di differenza non da poco, dal momento che la piattaforma sociopolitica di cui desidero la costruzione ha delle colorazioni non solo economiche ma anche etiche, filosofiche, sociali e antropologiche. Ho voluto partire citando questo momento storico per sottolineare la stupidità insita all'establishment europeo che, a dire il vero, della storia ha dimostrato di avere imparato ben poco. Anzi, non solo: l'Europa ha combattuto le teorie keynesiane con ogni mezzo sin dalla sua fondazione, generando un razzismo elitario degli stati del Nord, desideroso di soffocare nei debiti i paesi meridionali, come un cacciatore che aspetta che la propria preda muoia di stenti. E lo dico con tristezza sottolineando come è stata la cosiddetta sinistra, ossia la mia parte politica, quella che ha imbracciato la lotta all'intervento pubblico in economia. D'altra parte, le nuove destre europee, non tutte ma alcune, hanno recuperato parzialmente le teorie keynesiane, in nome di un *comunitarismo* distorto e abbastanza imperfetto. In Italia basti pensare a figure del calibro di Carlo Calenda e Riccardo Magi, che mandrie di media ottusi collocheranno a spada tratta nel centro-sinistra nostrano, le quali hanno passato intere campagne ad esprimere valori diametralmente opposti a quelli di John Maynard Keynes.

A volte penso anche che a determinati politici piaccia umiliarsi, continuando ad insistere sul fatto che i paesi euromediterranei siano pieni di colpe, che la loro condizione socio economica sia meritata, che non ci sia nulla da fare se non chinare la testa ed implorare pietà. Vi è poi un atteggiamento che reputo altrettanto fastidioso: quello intrapreso da politici di destra e di sinistra che dichiarano guerra all'establishment finanziario finendo poi per tornare col cappello in mano. Non si tratta sicuramente di un atto di furbizia, bensì forse un modo per comprare voti. Purtroppo costoro non sono pochi, ma è un atteggiamento abbastanza diffuso, di cui parlerò meglio quando cercherò di analizzare il piuttosto recente atteggiamento dello scorso governo giallo-verde italiano. Certo, non voglio neanche dire che tutti coloro che dicono di voler cambiare sono dei bugiardi, ma è veramente raro trovare spiragli di luce in mezzo a troppi venditori di pentole. Leggendo le richieste che in Italia pongono *Potere Al Popolo* e *Senso Comune* mi viene quasi da pensare che vi sia tutto sommato una certa dose di sincerità. Eppure i primi non sono in Parlamento, i secondi a malapena bazzicano in politica. E chissà magari quando questo scritto troverà la luce, se accadrà, appariranno novità interessanti pronte a combattere per nobili ideali contro l'onda nera e l'establishment antimediterraneo.

PIGS, come avete notato, è il titolo di questo capitolo e non ha nulla a che vedere con i suini, come nemmeno il *Porcellum* tra l'altro. Beh in quel caso credo che qualunque forma di vita, dagli umani ai facoceri, sia possibilmente più abile nel creare una legge elettorale (Non che il *Rosatellum* postumo non sia una trovata peggiore). In ogni caso è così: ci chiamano maiali. Non hanno avuto una grande inventiva. Probabilmente un mio grande amico, Giacomo Comincini, attivista per la causa catalana, aggiungerebbe giustamente una

C (*PIGSC*: Portugal, Italy, Greece, Spain, Catalonia). La Bonino, a cui fior di pensatori e ricercatori, stanno cercando di spiegare che Israele non è un paese europeo, ci chiamerebbe *PIGSI*, che suona come un gruppo emo di scarso successo. Scherzi a parte, facciamocene una ragione, rispondiamo all'ironia con l'ironia.

Votare secondo i propri interessi?

Quando parlo di *PIGS* non posso fare a meno di notare il contrasto stridente tra le scelte politiche che sono state fatte negli ultimi anni dagli spagnoli, dai greci e dai portoghesi, e quelle, invece, abbracciate dal popolo italiano. Ci ho riflettuto frequentemente e ho cercato di chiedermi il perché il popolo italiano faccia così fatica a votare secondo i *propri* interessi, ossia votare personaggi politici che facciano l'interesse del popolo italiano in modo concreto. Il Movimento 5 Stelle in politica interna, nonostante il compromesso scorso stretto con i leghisti, è riuscito a portare avanti qualche minimo progetto che *de facto* era utile agli Italiani. Ma in politica estera? Basti ricordare Alessandro Di Battista quando ai comizi gridava di non voler basi americane sul suo territorio. Vi ricordate Matteo Salvini quando orgogliosamente si presentava davanti alle platee gridando che l'euro fosse una moneta sbagliata? Che la guerra in Siria fosse sbagliata? Che le sanzioni verso la Federazione Russa non fossero cosa utile?

Quel mondo è definitivamente sparito: il servilismo italiano nei confronti dei paesi di Visegràd crea una sarcastica continuità con quella servitù volontaria dello Stato italiano nei confronti delle oligarchie bavaresi. Né Merkel, né Orbàn; né Bruxelles, né Visegràd: sarebbe il momento di una rinascita euromediterranea. Mi diverte, tra l'altro, pensare che alcuni dirigenti del PD abbiano sfruttato la retorica di *prima gli ungheresi!* per fare opposizione al leghismo del capitano verdefelpato: gli stessi che tremavano dal terrore nel momento di una crisi diplomatica con la Francia. Crisi diplomatica poi risolta con un imbarazzante dietrofront di Luigi Di Maio sui *gilet jaunes*. Ora sia chiaro: negare che vi siano frange violente all'interno dei protagonisti di questa insurrezione significherebbe davvero soffrire di cecità politica. Tuttavia, francamente fa piuttosto ridere ascoltare tutte queste teorie pseudo-complottiste che dichiarano che i gilet siano pagati da Steve Bannon e che tra di loro ci siano solo nostalgici del Regime di Vichy. Tralasciando questo discorso, che poi riprenderò, volevo dire, tornando agli Italiani, che essi sono un popolo che se vuole è in grado di fare i propri interessi, che non sono di certo la busta paga di Angela e i selfie con Orbàn. In Portogallo e Grecia abbiamo avuto i governi Costa e Tsipras, che ovviamente hanno deluso alcune aspettative, soprattutto nel secondo caso, ma erano proposte iniziali guidate da sani principi. Sinceramente io non credo nel mito del singolo uomo forte, di colui che può ribaltare da solo il futuro di un'intera nazione. Il caso greco è un esempio della personalizzazione di uno scontro politico. Ed è sbagliato: è una questione collettiva. Un simile errore lo compiono in Italia le destre quando accusano George Soros di essere la causa dei loro mali. È una visione estremamente infantile accanirsi su un individuo nello specifico, ignorando che il mondo della speculazione finanziaria è talmente vasto, che non potrà mai essere limitato ad una figura (che sia ben chiaro: ha anch'essa le proprie colpe).

L'immigrazionizzazione della politica

Chi di voi da destra o sinistra abbia avuto una discussione politica con qualcuno sa per certo che è quasi impossibile non arrivare a toccare il tema dell'immigrazione. Questa sorta di isteria collettiva per cui l'immigrazione è giusta e necessaria oppure una pericolosissima sostituzione etnica fa acqua da tutte le parti. Da una parte l'immigrazione non ha nulla di giusto e necessario: è un fenomeno sociale causato da disastri militari e scelte sbagliate dell'Occidente. E come tutti i fenomeni di questo tipo può essere risolto alla radice boicottando tutti quei paesi responsabili dello sfruttamento di interi popoli. Facendo in loco scelte politiche volte ad evitare dumping sociale e guerra tra poveri. D'altra parte, è ancor più ridicola la retorica della destra sul fatto che l'immigrazione sia un' invasione pianificata, dovuta al *pull factor* mai provato. Se la colpa delle pseudosinistre è la *negligenza*, quella delle destre è la più totale *ignoranza geopolitica*. Ho spesso sentito da molti uomini di destra dire che le sinistre parlino solo di immigrazione, non facendo gli interessi degli italiani. Io credo che questa accusa si possa lanciare sia verso le destre reazionarie che verso le pseudosinistre. Fare gli interessi del popolo italiano e lottare per la sua sovranità significa esercitare tal sovranità verso chi sta in alto e non verso chi sta in basso. In questo si è visto un livello di codardaggine di pari livello a destra e a sinistra. Si possono fare numerosi esempi concreti, di cui parlerò più avanti. C'è da dire poi che di tutti i PIGS, paesi tradizionalmente accoglienti, l'Italia è risultato il paese in cui il sentimento anti-immigrazione è più forte. Leggi veramente preoccupanti quali il Decreto sicurezza bis ne sono il chiaro esempio. Nonostante ciò, io non credo alla narrativa della sinistra al caviale secondo cui metà degli italiani siano necessariamente dei troglodìti razzisti. Penso che gli italiani siano stati semplicemente sfortunati. Mentre nel resto dell'Europa prendevano forma le teorie di Chantal Mouffe e di Ernesto Laclau, gli Indignados spagnoli scendevano in piazza contro la partitocrazia e la corruzione, da noi il malcontento fu canalizzato da un contenitore vuoto plasmato da Grillo e Casaleggio. E oggi questo contenitore si trova al centro del nulla, con mio grande dispiacere. Gli italiani hanno semplicemente avuto quella sfortuna di aver ottenuto una risposta al sistema servita sul piatto sbagliato. Il Movimento 5 Stelle era il fulcro di questa ribellione al sistema marcio e senza scrupoli, ma non ha avuto il coraggio di indicare al popolo italiano, proprio per mancanza di cultura politica, le vere cause del disagio. Della collocazione politica del Movimento discuterò più avanti perché è qualcosa di ben più complicato di "nuovi comunisti" come vorrebbe la retorica berlusconiana oppure di "fascisti come la Lega" come vorrebbe una certa sinistra radicale (anche se su alcune analogie con la Lega condividerei in parte).

Ma quindi perché, se il governo Sánchez accoglie 6 volte il numero dei migranti arrivati in Italia nel 2019 e il governo Syriza 8 volte di più, la destra radicale cresce solo nel nostro paese? Tsipras ha perso, è vero, sconfitta che io tra l'altro reputo in parte meritata, ma i neonazisti greci di Alba Dorata sono gli unici ad essere stati mandati a casa loro. Mitsotakis non è sicuramente il Salvini spagnolo, né mai potrà diventarlo. La sua è una destra tradizionale, conservatrice e liberista. La campagna di Mitsotakis non si è basata sulla caccia all'africano, ma sull'abbassamento delle tasse al ceto medio, quel ceto sociale che si è sentito tradito dalle promesse del rampollo greco, alcune delle quali mai mantenute. Anche in Spagna l'estrema destra di Vox è piuttosto contenuta, in Portogallo addirittura non esiste. Ho pensato a lungo ad una possibile spiegazione del perché la politica di questi paesi non si sia immigrazionizzata. È difficile oggi trovare un greco, uno spagnolo ed un portoghese che dica che l'immigrazione sia il problema più impellente, che l'accoglienza sia invasione, anche da destra. In Italia i migranti sono al centro del dibattito politico ogni giorno, tali da divenire una plateale *arma di distrazione di massa*.

Il Momento Populista: l'insegnamento di Mouffe e Laclau

Se devo citare degli intellettuali che hanno avuto su di me una notevole influenza, non posso trascurare l'insegnamento prezioso delle teorie di Chantal Mouffe e di Ernesto Laclau. Sicuramente non sono il solo ad aver subito l'influsso di questi grandi pensatori, dal momento che uno degli autori del testo fondativo di Podemos (oggi leader di Más País), ossia Errejón, ne trae spunto apertamente. Il superamento del marxismo e il nuovo modo di applicare il socialismo nel mondo contemporaneo sono due capisaldi essenziali per comprendere il significato dell'opera. Secondo Mouffe e Laclau non vi è alcuna scientificità nel socialismo, né la rivoluzione è inevitabile come vorrebbero i marxisti ortodossi. La rivoluzione, d'altra parte, o qualsiasi forma di cambiamento, non procede sempre nella giusta direzione e non dà sempre dei frutti positivi. Questo spiega perché, mentre in Spagna il Movimento 15-M dominava le piazze, in Italia si stavano inseminando le radici del qualunquismo grillino, volto poi ad abbracciare l'establishment di estrema destra e di estremo centro, come dimostra il voto ad Ursula Von Der Leyen. La chimera pentastellata è un esempio di come il processo di scardinamento del sistema nel corso di un fisiologico momento populista abbia subito deviazioni reazionarie e non sia andato a compimento nel modo migliore possibile. Il Movimento 5 Stelle è il classico prodotto di scarto fisiologico di un sano populismo avariato. La mancanza di scientificità nel mondo politico porta all'esistenza di un discorso di *egemonia*, in cui il politico mediante la sua abilità dialettica deve indirizzare il cambiamento nella giusta direzione. Inoltre, secondo Mouffe e Laclau, non è possibile guadagnare il discorso egemonico nel superamento della postpolitica attraverso un semplice discorso di classe. E qui sta la grande spaccatura con Marx: i concetti di libertà e uguaglianza devono imporsi nella dialettica egemonica in fase di costruzione e diretti al target più ampio possibile. Non vi è più solo la frattura borghesia/proletariato, ma l'idea di patria e di democrazia radicale vanno oltre il rapporto struttura/sovrastruttura e le costruzioni post hegeliane e marxiste. Io personalmente ripiudio l'idea che *ciò che è reale è razionale* e ciò che *accade è perché deve accadere.* In questo paradossalmente vedo una certa convergenza tra molti marxisti e molti liberali. Secondo Mouffe e Laclau la mobilitazione acquisisce successo nel momento in cui più ceti sfruttati, per ragioni diverse, si uniscono in nome del discorso egemonico nel corso del *Momento Populista*. Da bisogni frammentari occorre arrivare alla costruzione di una catena equivalenziale di domande democratiche. Il discorso egemonico-democratico si pone dunque su un piano post-classista: in questo nuovo modo di fare politica conta moltissimo la consapevolezza della condizione di sopruso. La ricetta politica che di volta in volta proporrò per i PIGS(C) è un connubio piacevole tra il populismo di sinistra auspicato da Chantal Mouffe e la visione ecologista radicale del filosofo americano Murray Bookchin, esprimibile concretamente in un modello bioregionale. Tra l'altro, poi vi spiegherò anche il perché questo modello è più facilmente applicabile all'Italia che alle altre nazioni gemelle. Questa facilità è da intendersi per quanto riguarda le peculiarità geografiche dell'Italia, ma trova un notevole ostacolo nella facile proliferazione della cultura reazionaria del nostro paese, causata principalmente da un morbo ideologico chiamato, usando un neologismo di Andrea Scanzi, *Renzusconismo*. Se la Spagna di Pablo Iglesias è riuscita a creare un'efficace ricetta populista mescolando le teorie di Laclau con una tradizione squisitamente bolivariana, un altro paese che, pur non facendo parte dei PIGS, è stato artefice di un esperimento populista-democratico è stato la Francia. La France Insoumise di Jean-Luc Mélenchon è una perfetta fusione tra nazionalismo rivoluzionario, giacobinismo, socialismo e populismo di sinistra. In entrambi i casi, per spiegare il successo di questi due modelli, occorre vedere come l'eliminazione di una parte del retaggio marxista sia stata fondamentale. Sicuramente questi esempi differiscono dal mio socialismo bioregionale e dal mio repubblicanesimo verde, in quanto io propongo un abbandono non parziale ma completo della cultura marxista. Tuttavia, è onorevole come la *Phi greca* di Mélenchon e la *spirale tesa verso l'infinito* di Iglesias siano stati già un avanzamento verso il nuovo modo *oltre-marxista* di fare politica. Si può dire che l'esperimento della Francia Indomita sia stato tipicamente francese, in quanto una sana sinistra patriottica ha sempre permeato l'immaginario progressista di tale repubblica. Con la questione dei gilet gialli, molte sono state le pseudosinistre europee, la più odiosa delle quali è il Partito Democratico, a marchiare gli indomiti come dei pericolosi rossobruni.

PIGS e rossobrunismo

Rossobrunismo è un termine introdotto di recente dalla stampa liberal pseudo-sinistrosa per attaccare tutti quei movimenti progressisti che hanno rifiutato di sottostare alla catastrofica cultura socialdemocratica. La parola rossobrunismo può avere un senso se si vuole indicare personaggi di destra con posizione economiche neo-keynesiane: da Marco Mori a Di Stefano e Fusaro questa parola può essere intrisa di un qualche significato. Appare invece ridicola quando viene utilizzata non solo nei confronti di Mélenchon ed Aubry, ma anche contro i vari Fassina e Wagenknecth, personaggi a volte dalla cultura statalista a volte ben distante dalle mie posizioni, ma che non definirei mai con questa espressione infame. Io stesso scommetto che qualche elettore di forze *liberal* desiderose di denigrarmi non esiterà a definirmi *verdebruno*.

Murray Bookchin e l'Ecologia della Libertà

Se qualcuno può essere capace di dare una risposta al razzismo del Nord Europa verso i PIGS(C) quell'uomo è Murray Bookchin. Attualmente non mi viene in mente nessun altro pensatore capace di aver influito così tanto su di me. E fortunatamente non solo su di me, ma anche su Abdullah Ocalan, padre della rivoluzione curda. Se dalle teorie di Bookchin è nato il Confederalismo Democratico del Rojava, uno dei più sensazionali e meravigliosi esperimenti del socialismo moderno, da queste stesse possono nascere le basi del *bioregionalismo panmediterraneo* da me sostenuto e di quel repubblicanesimo verde incaricato di spezzare l'oppressione dei blocchi di Bruxelles e di Visegràd. Murray Bookchin è sicuramente uno dei più grandi scienziati sociali della nostra epoca, capace di mettere in armonia il mondo sociale con quello naturale, in grado di constatare la multiformità nella genesi del dominio. *Il dominio dell'uomo sull'uomo, dell'uomo sulla donna, dell'uomo sull'ambiente*: Bookchin ha il chiaro intento di allacciarsi alla tradizione del socialismo utopistico, ma anche a quella dell'eco-tribalismo. L'opera di Bookchin pare costruita in modo fine, attenta a chiarire qualunque rapporto di causa-effetto. Inizialmente partito da posizioni marxiste, arrivò a rifiutare il leninismo in nome di una visione socialista libertaria della società, che potremmo definire eco-primitiva e *post-anarchica*. L'utopia bookchiniana è talmente affascinante che qualunque pagina della sua opera sembra trasparire una parte del mondo naturale descritto e raccontato. Quella di Boockhin è una società sicuramente anticapitalista, ma anche anti-marxista e localista. L'insediamento umano che viene auspicato è denominato *municipalità libertaria*. Un'economia cooperativa e solidale caratterizza questo sistema senza arrivare ad abolire la libera iniziativa privata (finchè quest'ultima non giustifica il dominio dell'uomo sull'uomo). Il *dominio* è sicuramente un concetto più ampio e difficile da interpretare rispetto allo *sfruttamento*. Il dominio non implica necessariamente lo sfruttamento, ma lo sfruttamento implica il dominio: la visione economica del marxismo viene soppiantata da una visione prettamente antropologica e non esente da una venatura di spiritualismo verde. Murray Bookchin mostra come la tradizione socialista pre-marxista abbia una sua notevole dignità, e il marxismo abbia scippato la rivoluzione socialista. Se la sinistra vuole rinascere in Europa, anche se non volesse ispirarsi al Maestro Murray, deve compiere lo sforzo di mettere da parte la vernice rossa. In alcuni casi vi è riuscita (vedi Podemos), ma in Italia fa ancora troppa fatica. Come del resto è senza dubbio faticoso essere di sinistra in Italia. In ciascuno dei PIGS(C) potremmo dire che esiste una sinistra *al caviale* e una sinistra radicale. In Italia quella radicale è *de facto* al caviale e quella al caviale è direttamente centro-destra. Fa veramente sorridere mettere a confronto l'arco politico spagnolo e quello italiano: la mutazione *frame-shift* che dilania quello italico è una cruda e triste realtà. Murray Bookchin deve essere quindi un punto di partenza forte ed emblematico, e il suo libertarismo verde deve essere l'ingrediente principale di un repubblicanesimo verde, sostenibile e patriottico. La patria coincide con la terra e ciascun elemento biologico che poggia sullo stesso suolo deve essere protagonista della lotta rivoluzionaria contro i servi della reazione e contro lo statalismo oppressivo. Ciascun comune di questa amata penisola italica deve farsi carico di un progetto di cambiamento epocale, così che la politica possa tornare a farsi promotrice del cambiamento. Il governo Conte I, di cui parlerò meglio più avanti, rappresenta un' automobile caduta in un dirupo mentre inseguiva il cambiamento. Ma le scelte militariste ed antiecologiche che quel governo ha sostenuto senza il minimo rimorso sono paragonabili anche alla piaga politica dei governi precedenti. Molti intellettuali tutt'altro che rivoluzionari e/o radicali sottolineano l'aspetto reazionario di quel governo, senza però aver mai preso posizione netta contro il *Grande Morbo* precedente (penso a Roberto Saviano). Esistono sicuramente dei punti programmatici da sostenere, che almeno a voce i governi Conte I e II hanno detto di voler intraprendere. La sacrosanta valorizzazione del Made In Italy è, per esempio, uno di questi punti che approvo, in quanto compatibile con il socialismo bioregionale e con il repubblicanesimo verde.

Ora come ora, se volessi cercare un movimento europeo vicino alle teorie di Murray Bookchin, non riuscirei sicuramente ad individuarlo. Ammetto però di guardare con molta simpatia allo Sinn Féin irlandese: partito politico di sinistra orgogliosamente populista ma sicuramente non marxista. Le sue fondamenta sono di fatto social-repubblicane e nazionaliste. Per vedere un esempio più simile dobbiamo spostarci in Turchia dove troviamo il (guarda caso) filo curdo HDP.

Murray Bookchin ci mostra come ambiente e umanità non siano separabili: noi stessi siamo figli dell'ambiente ed esso stesso è parte di noi. Vi è anche da sottolineare che a Bookchin non piace molto utilizzare l'espressione *ambientalismo*: egli preferisce notevolmente *ecologia* perché mentre il primo termine sottintende una supremazia dell'uomo sulla natura, e ha significati estremamente tecnici, il secondo indica una vera e propria cultura, filosofia e modo di vivere. Anche l'autonomia può essere percepita come una forma di cultura, almeno da sinistra, senza mettere l'accento sul federalismo fiscale tanto caro agli autonomisti di destra. L'autonomismo bookchiniano e il comunalismo di Ocalan danno la possibilità di vivere in sintonia con la terra su cui si è nati e forniscono ossigeno alle comunità locali fautrici del proprio destino. La Spagna ha il background culturale adatto all'applicazione del bioregionalismo, ma aspetti geografici meno adatti. L'Italia, morfo-geograficamente perfetta, soffre di un pesante handicap culturale quando si cerca di mettere insieme sinistra e autonomia. Più che la Spagna, sicuramente è la Catalogna il substrato ideale di una qualche forma di municipalismo. Le posizioni assunte da Ada Colau mostrano chiaramente come imbracciare quella direzione non dovrebbe poi essere così difficile. Ma il compito che mi sto proponendo purtroppo è molto più grande: unire la tradizione comunalista-bookchiniana ed ecologista sociale con quella social-patriottica di Laclau e Mouffe. Il tutto condito da un moderato *errejonismo dialettico*. Questo mix esplosivo sarebbe capace di sollevare i popoli mediterranei contro le destre estreme, i rigurgiti neo-stalinisti e l'estremo centro del politicamente corretto. Nessuno di questi avversari alla rinascita panmediterranea è meno pericoloso degli altri, ma tutti mirano alla reazione e allo svilimento del mondo umano e naturale delle nostre terre. Ciascun albero, ciascun granello di sabbia, ciascun monte e ciascun torrente sarà alleato contro i nemici della patria. Lo sciovinismo reazionario delle destre estreme paradossalmente è uno dei più grandi oltraggi alla patria: è un veleno che divora la libertà e le fondamenta della Nazione. E lo fa marcando la nazione di etnicismo, di discordia, e (non a caso) spesso di antiecologismo. Coloro che dicono da destra di amare la patria sono spesso i medesimi che non esitano un minuto a riversare sporchi liquami sui nostri suoli. Invocano l'odio e non la fratellanza verso le altre nazioni. Sono un nemico interno da debellare se vogliamo l'affermarsi di un modello *democratico-eco-patriottico* e libertario. Non definirò mai costoro *fascisti* in quanto l'isteria da fascismo non mi appartiene. Invece, come avete già visto, ho usato e userò spesso l'espressione *reazionari* in quanto il loro obiettivo è opporsi al cambiamento dei rapporti di forza egemonici. E se costoro oggi vanno in televisione, seminano odio e discordia, lo si deve non agli elettori ma alle colpe della politica. Vuol dire, come ho già spiegato in precedenza, che le forze democratiche non hanno captato il fisiologico momento populista. Inutile quindi che l'estremo centro del politicamente corretto si lamenti: da quando le cause hanno la faccia tosta di lamentarsi delle conseguenze? Il processo di *Pasokizzazione* sta già distruggendo gli alfieri dello status quo, mentre l'antipolitica va incontro al più nefasto processo di *Syrizzazione*. Da notare come in Italia anche lo stalinista Marco Rizzo attacchi spesso l'antipolitica, sostenendo il ritorno della politica. Su questo non ho nulla da dire, anzi sono d'accordo. Ma se per politica intende il socialismo reale o capitalismo burocratico (che in fin dei conti sono la stessa cosa) con sulla coscienza milioni di morti e decine paesi in miseria, allora prendo le distanze da quella politica. Il socialismo reale/scientifico ha prodotto un numero di disastri paragonabili al fascismo e al capitalismo finanziario. Lo stesso Bookchin scrisse un opuscolo dal nome *Listen Marxist!* In cui attaccava molti miti della *bara rossa*. Coniugare il socialismo utopistico e la rinascita ecomediterranea significa avere presente anche questa analisi. Se vogliamo che Bookchin trovi una qualche sponda in Italia dalla Valsusa alla Sicilia dobbiamo abbandonare un grande mito sbagliato: l'operaismo. La società del XXI secolo non può e non deve rifugiarsi dietro le sbarre di un operaismo ottocentesco per dare soluzioni radicali, ma allargare il raggio d'azione ai ceti sottoproletari e anche a quella piccola imprenditoria vittima della globalizzazione. Ed è proprio in questa ricerca dell'armonizzazione sociale in cui i punti di vista diversi di Bookchin, Laclau e Mouffe, a cui possiamo aggiungere Errejón oppure la scrittrice italiana Rosa Fioravante, arrivano a raggiungere una strana convergenza. L'idea rizziana che legittima la lotta al sistema solo quando è portatrice della bandiera rossa è assolutamente ridicola. Devo dargli ragione quando sostiene che Syriza non abbia potuto dare il massimo al popolo greco, ma da qui a sostenere che tutto ciò che non sia Stalin sia sotto le mani dei poteri forti vi è una certa differenza. Al signor Rizzo dò anche una pessima notizia: pure il suo superstato marxista-burocratico è un potere forte. Lo stalinismo, già nemico della storica rivoluzione catalana, sostituisce alla macchina del denaro la macchina del partito. Rizzo sta sì fuori dal sistema ma lo combatte proponendo un altro sistema ancor più vessatorio e spesso nei suoi discorsi mescola in modo odioso keynesianesimo e socialdemocrazia mettendo nella stessa frittata un Renzi e un Errejón, in modo verbalmente ingiusto e forzato. Tendente a certe analisi storiche toccanti a mio parere l'imbarazzante, Marco Rizzo si difende dicendo che *ai tempi di Stalin occorre contestualizzare* e che Trotsky fosse stato *un agente di Hitler*. L'interpretazione rizziana della storia è di pari (basso) livello ad una proposta politica chiaramente liberticida. Un'altra argomentazione che spesso i neostalinisti controrivoluzionari sostengono è l'idea che la sinistra al caviale abbia sostituito le battaglie sociali con le battaglie civili. In parte dò ragione a questo pensiero, ma è proprio per questo motivo che occorre rinforzare le battaglie sociali, senza però disprezzare le libertà individuali come carta straccia: la società deve essere giusta e libera nello stesso modo in cui lo è pure l'individuo. Importante è sottolineare come il libertarismo di sinistra sia però ben differente dal libertarismo centrista-radicale di un Della Vedova o da un libertarianesimo all'americana. Mettere Chomsky, uno dei più grandi intellettuali della storia, sullo stesso piano di un Marco Pannella, mi pare scorretto ed incoerente. La rinascita ecomediterranea deve partire anche proprio dagli insegnamenti anti-imperialisti di Noam Chomsky, uno dei personaggi più vicini al concetto di *left-libertarian*. Interessante notare come oggi la culla del militarismo non sia più quella dello Stato-Nazione, ma una struttura sovranazionale, ovvero quell'Unione Europea che usa due pesi e due misure in quanto ad imperialismi. La *russofobia* è senza dubbio il caso più emblematico: è abitudine che dall'estremo centro del politicamente corretto si facciano dichiarazioni apocalittiche sul fatto che a breve parleremo tutti russo, che Vladimir Putin voglia distruggere l'Europa e piegarci in un regime dittatoriale. Ma il culmine dell'ottusità avviene nel momento in cui molti europeisti arrivano a vedere l'Europa come una doppia vittima di USA e Russia, come se gli USA (e la NATO) non avessero avuto un ruolo importante nell'integrazione europea. Costoro gridano all'esercito comune, pronti col binocolo ad individuare il nuovo Saddam. Ci terrei in ogni caso a chiarire, per evitare che venga frainteso dalla pseudosinistra *liberal*, che non ho nessuna simpatia né putiniana né saddamista. Tuttavia, provo la stessa identica ripugnanza verso i dittatori allineati e quelli non allineati, e sinceramente non vedo perché i primi debbano essere coccolati e i secondi no. Diversamente da molte anime della sinistra marxista non supporterei mai Maduro in Venezuela contro il fantoccio Guaidò: questo non significa che io stia sostenendo una pedina di Trump. E credo che le rivolte e le rivoluzioni le facciano i popoli, non eserciti stranieri per conto di essi.

La politica estera italiana ed europea è qualcosa di assolutamente imbarazzante: non so quale delle due sia peggio. Non lo dico perché sono di sinistra ma le gaffe della destra italiana in materia di politica estera meritano veramente dei premi sostanziosi. Mi viene da ricordare Salvini, quando durante un maldestro endorsement a Netanyahu definì Hezbollah "terroristi" creando una serie di polemiche in cui la Meloni disse che la geopolitica è una materia complessa e bisognava stare attenti a generalizzare. Salvini, come sottolinea anche Andrea Scanzi, non sa proprio nulla di politica estera. Che Assad si trovi in Siria o in Madagascar poco importa: non è funzionale alla propaganda.

Noam Chomsky in questo ambito è molto bravo a mettere a nudo i crimini dell'imperialismo "allineato", oggi particolarmente simboleggiato dalle politiche criminali dell'Arabia Saudita, della Turchia, di Israele e del Qatar. Questo vuol dire che Iran, Russia e Cina siano nazioni democratiche? Assolutamente no. Ma i primi paesi citati sono tra i principali sponsor di guerre per procura che destabilizzano immense aree geografiche.

Le ombre della politica estera europea

Arabia Saudita: il regno del terrore

Se i PIGS vogliono intraprendere la strada della rinascita mediterranea vi è un provvedimento da ritenersi fondamentale: lo stop all'esportazione di armi all'Arabia Saudita e il boicottaggio più totale del regno. Se la Corea del Nord viene considerata l'unica dittatura del mondo a potersi ancor definire *totalitarismo*, il regno wahhabita non se ne distanzia poi molto. Alleata degli USA e (pur nascondendolo) in buoni rapporti con Israele, questa nazione è una delle più liberticide del pianeta: è storica finanziatrice del terrorismo e dell'integralismo mediante la costruzione di moschee wahhabite in loco e nel mondo. Insieme alla Fratellanza Musulmana, l'Arabia Saudita combatte per il monopolio dell'estremismo islamico. La fornitura di armi ai Sauditi arriva principalmente da Germania, Francia e Italia: di fronte all'evidenza della disumanità, il presidente francese Emmanuel Macron arrivò a definire populista l'interruzione del traffico di armi al regno. Né ha avuto risultati migliori la demagogia pentastellata: la vendita di armi ha continuato con il governo Conte I con la stessa accondiscenza del precedente esecutivo presieduto da Gentiloni. Una vergogna tutta europea se si pensa che queste armi vengono utilizzate contro civili inermi nel vicino Yemen.

In Arabia Saudita l'oscurantismo raggiunge livelli da tempi di caccia alle streghe: letteralmente cari lettori! Ebbene sì: la stregoneria e le arti magiche sono sanzionate con l'applicazione della pena capitale, che in Arabia Saudita significa spesso decapitazione pubblica dopo processo iniquo. L'ossessione superstiziosa per la magia nera ha portato i sauditi a creare vere e proprie divisioni antistregoneria. Ma il petrolio fa miracoli, e dunque possiamo chiudere un occhio e tornare ad insultare Putin.

Israele: la democrazia etnica

Se poi vogliamo citare uno stato esperto nella violazione di risoluzioni ONU, non possiamo non nominare un vecchio classico, ovvero Israele, coccolato più che mai dall'amministrazione trumpiana, dopo il lungo periodo della litigiosità obamiana. Israele è ritenuto da molti spesso l'unica democrazia del Medio Oriente, arrivando a circoscrivere a democrazia solamente l'idea di elezioni libere. La costruzione di colonie illegali, la discriminazione degli arabo-israeliani e i pluridecennali crimini di guerra hanno portato ad una situazione di stallo, a cui non pare esserci nessuna soluzione. In realtà, volendo proporre una soluzione, Murray Bookchin si può adattare anche alla società israelo-palestinese come a quella euromediterranea. Tempo fa mi sono espresso in favore di una *Zero State Solution* confederale che coinvolga sia Israele che i territori palestinesi. Potrebbe essere una scelta alternativa sia alla classica soluzione due stati/ due popoli sia alla soluzione a stato unico. Ma mettere in discussione l'ebraicità dello stato sarebbe impossibile, in quanto Israele, secondo la narrativa del Likud, esiste se e solo se in qualità di *stato ebraico.* Ma una democrazia etnica come può nel XXI secolo essere veramente un modello democratico?

Se c'è una cosa che proprio non sopporto è vedere critici che identificano questo conflitto come una battaglia tra gli "islamici", che sarebbero i palestinesi, e gli "ebrei" che sarebbero gli israeliani. In realtà i palestinesi possono essere spesso cristiani, socialisti e non avere nulla di islamico. Dall'altra parte, molti generali israeliani sono drusi: il conflitto, chiaramente, nonostante la presenza dagli Anni '80 di una formazione estremista islamica (Hamas), risulta essere non religioso ma nazionale. L'ingresso della religione nella resistenza palestinese ha sicuramente distrutto e sabotato la prospettiva rivoluzionaria. Il modello di Ocalan sarebbe dunque l'ideale, perché risolverebbe il conflitto nazionale creando un ombrello confederale e sovra-nazionale. Ma come ho già detto, sarà molto difficile riuscire a mettere in discussione l'ebraicità dello stato, anche perché le critiche di antisemitismo vengono lanciate in modo estremamente semplice, attraverso l'identificazione erronea di un popolo (quello ebraico) con uno stato militarista.

Qatar: il competitor di Salman

Un altro stato diversamente democratico con cui noi occidentali continuiamo a fare affari è il Qatar, principale sponsor della Fratellanza. Questo piccolo staterello del Golfo è presumibilmente il più filo iraniano di tutti i paesi a maggioranza sunnita. Inviso ai Sauditi, il Qatar occupa una posizione geopoliticamente scomoda, indeciso se tenere i piedi nel blocco occidentale o avvicinarsi alla Repubblica islamica iraniana. Salvini stesso è arrivato a tuonare contro il Qatar, definito sponsor del terrorismo, salvo poi mostrare un sorriso giocondo pochi mesi dopo, vantandosi di eventuali accordi commerciali con esso. Molto divertente è quel sentimento antisistema della destra italiana, destinato a sciogliersi di fronte all'aroma degli affari, che mette in luce le contraddizioni di un populismo di facciata fondato unicamente sulla paura, e dunque inefficiente nel svolgere il ruolo della rinascita ecomediterranea.

Populismo: tipologie ricorrenti

Ribadisco e continuo a dire, sulla stessa linea di Mouffe e Laclau, che il mondo progressista necessiti di un forte bisogno di populismo. Occorre, d'altra parte, chiarire come non tutti i populismi siano funzionali al progetto di cambiamento democratico. Le tipologie di populismo esistenti possono sfruttare miti diversi, sentimenti diversi e perfino rivolgersi a classi sociali diverse. Il primo perno per riuscire a svolgere il processo di identificazione del tipo di populismo è il *binomio consenso/dissenso*. L'apice del fisiologico *momento populista* può essere intercettato da una dialettica *fondata sul consenso* quando lo status quo arriva a mascherarsi da arma rivoluzionaria e protettrice del popolo sovrano. L'esempio migliore, di cui parlerò meglio più avanti, è Ciudadanos, partito populista centrista e liberale, tendente a destra, mescolante nazionalismo ed europeismo, conservatorismo e progressismo. Questa forma di populismo stile vecchia Balena Bianca è più difficile da utilizzare al giorno d'oggi, mentre trovava abbastanza terreno fertile nel secolo scorso: è il populismo che parla a chi ha la pancia piena, che evoca miti come l'etica del duro lavoro e la flessibilità sociale. Nonostante sia tecnicamente un populismo difficile da applicare, è però il più pericoloso ostacolo alla rinascita euromediterranea, questo per il fatto che i ceti che cadono in codesta ragnatela di rado potranno essere dirottati elettoralmente verso il sano populismo democratico-progressista. Il populismo *fondato sul dissenso* è quello che invece interessa a noi tutti per avviare il nostro progetto di riformismo radicale, ovvero, citando Laclau, *costruire un popolo*. A sinistra questa sana forma di populismo è quella che secondo Mouffe è in grado di mobilitare le masse: l'egemonia però viene contesa dal *populismo di destra*, che nutre il dissenso non della speranza, bensì della paura. A me ha fatto particolarmente sorridere, per esempio, quando quello sbruffone di Jordan Bardella, delfino di Marine Le

Pen, definì Greta Thunberg una sorta di portavoce dell'apocalisse. Questo perché la paura, l'angoscia, il terrore e le pulsioni rabbiose sono il motore primo del populismo da lui incarnato. Populismo che però cerca di occultare le reali preoccupazioni che ci dovrebbero interessare. Poco importa dunque se le isole Ellice saranno presto completamente sommerse per il cambiamento climatico, causando un immane numero di migranti: l'importante è che gli africani se ne stiano a casa loro. Sarò felice di vedere come l'Australia del No Way, osannata tutti i giorni dal capitano verdefelpato, farà a gestire l'emergenza futura dei migranti climatici in Polinesia. Ma vi siete mai chiesti il perché questi populismi di destra (che poi si possono ulteriormente sottodividere) fioriscano più facilmente di un Sanders e di un Corbyn?

Uno degli aspetti che rende più semplice l'instaurazione di una dialettica reazionaria è sicuramente il rapporto con la realtà: è molto più comodo dare la colpa al migrante, in quanto esso è una figura facilmente identificabile nell'immaginario comune. Difficile aizzare le folle contro speculatori internazionali di cui a malapena si conosce il nome. Quando la destra ci prova (e ci riesce) è infatti costretta a personalizzare il nemico: George Soros diventa dunque egli stesso migrante, e viene condannato non in quanto speculatore senza scrupoli ma come *colui che fa venire gli africani*. Questa forma di populismo è pericolosa per la rinascita PIGS(C) ma meno rispetto al Riverismo, in quanto in questo caso si tratta di ceti potenzialmente intercettabili e coinvolgibili nel processo di radicalizzazione della democrazia. Il populismo di destra mescola in molti casi politiche *laissez-faire* condite con una salsa folkloristica, giusto per coprire il sapore di marcio. A volte, in modo più o meno sincero, vi è un avvicinamento al mondo keynesiano. Il Rassemblement pare aver subito una sorta di mutazione genetica, per cui, diversamente dai tempi del reaganiano antisemita Jean-Marie, si è arrivati ad un decisivo sostegno all'intervento pubblico in economia. Altri populismi di destra, principalmente quelli latini (ma non solo), vedi Vox e Jair Bolsonaro, hanno programmi ultraliberisti o perfino pro-austerity (vedi il programma di Afd in Germania). È chiaro che tra noi populisti di sinistra ci saranno sempre differenze (tra un bioregionalista come me ed un eurocomunista per fare un esempio) ma non sono così tanto conflittuali quanto quelle che si trovano dalla sponda opposta dello spettro politico. È chiaro anche che l'odio anti-migranti, anti-LGBT, anti-Islam può essere solo un collante iniziale di un even-

tuale fronte nazional-reazionario; ma quasi sicuramente le fratture economiche più quelle in politica estera (filo-russi e anti-russi)
avrebbero progressivamente un peso sempre più gravoso. Non esiste un solo populismo di destra, ma tanti, che hanno dunque come
unica costante l'officina della paura.

Se vogliamo invece osservare la mappa dei populismi europei
che stanno a sinistra, le divisioni più grandi sono rintracciabili nel
rapporto con l'Europa. La linea euroscettica, che io orgogliosamente condivido, è sicuramente guidata nel parlamento europeo
da Manon Aubry, la quale ha subito affrontato Madame Austerity
dopo il suo insediamento. Il *Plan A/Plan B* è un'adeguata soluzione
alternativa al fondamentalismo eurofobico e all'europeismo. Vi
è poi, a mio parere, una certa porzione della sinistra europea più
morbida contro l'impalcatura dell'Unione (ma non contro l'austerity). Difatti, se rimuoviamo la piattaforma Aufstehen, la Linke
risulta essere tutto sommato un partito più eurocritico che euro-
scettico. Se il populismo di sinistra degli indomiti francesi è carico di giacobinismo e quello podemita di bolivarismo, il populismo
di sinistra italiano necessita di essere forgiato su basi bioregionali.
La nostra penisola è ricca di ambienti completamente diversi per
storia e cultura. Rinnegare l'esistenza dei *sardisti* e dei *venetisti* è
deleterio. Una grande nazione è quella capace di riconoscere le sue
diversità, di nutrirsi delle sue differenze per combattere i seguaci
della reazione. Non si può parlare di repubblicanesimo spagnolo
senza citare la Catalogna rivoluzionaria e non si può parlare
di Catalogna rivoluzionaria senza ricordare i martiri dell'intera
repubblica democratica contro la barbarie franchista. Il populismo
bookchiniano sarebbe dunque una completa novità all'interno
dell'arco democratico-populista italiano. In questo ambiente possiamo rintracciare esperienze come *Potere Al Popolo* che abbraccia
il libertarismo e la lotta all'austerità, ma che ha un' eredità marxista
e chavista onnipresente. *Patria e Costituzione* di Fassina, a differenza della creatura di Carofalo e Cremaschi, sposta la prospettiva
da marxista a nazional-rivoluzionaria. Questo primo passo è stato
dunque compiuto: l'abbandono dell'operaismo *tout-court* e l'inser-
zione di valori patriottici nel background gauchiste. Ma non basta,
perché l'esperienza italiana (e si spera anche panmediterranea)
deve avere un colore diverso, un sapore unico capace di attirare
elettori da tutto l'arco politico, pur collocandosi in una cultura ben
precisa. Bookchin, Laclau, Mouffe, Chomsky, Ocalan ed Errejón

sono dei pilastri estremamente interessanti che non vedono l'ora di prendere il posto dei tradizionali Marx, Lenin, Gramsci (in parte) e Berlinguer. L'Italia è il terreno adatto per mettere in campo questo esperimento, a mio sincero parere. La sinistra non ha bisogno di stereotipi rossi e nemmeno di compromessi con la socialdemocrazia (a meno che ne valga davvero la pena). Gli italiani non sono degli stupidi che hanno preso parte al progetto reazionario, ma dei consumatori di proposte politiche all'apice del momento populista. E si consuma sempre il piatto più appetibile, anche se non è necessariamente quello di cui si ha bisogno. La destra italiana è tutto fuorchè sovranista: mai vi è stata una ridiscussione dei trattati né un tentativo reale di voler fare delle politiche *per il popolo.*

Per il popolo

Errejón sottolinea spesso questa espressione. Pensateci bene: la politica di sinistra non è *rivolta alla sinistra* ma al popolo. Egli spiega come la cosa sensazionale sia proprio migliorare la vita anche a chi non ti voterà mai. E se un liberal dovesse attaccarmi dicendo che tutto questo non serve a nulla *perché tanto il popolo è ignorante:*

anche se fosse?

Il politico è colui che ha gli strumenti per gestire la cosa pubblica e se io sono possibilitato del fare star meglio dei cittadini, se io faccio del bene al popolo, è obbligatorio che esso sia capace di capire in modo tecnico quello che sto facendo? Assolutamente no. Certo, io proverei a spiegarglielo nel modo migliore, ma in fin dei conti l'obiettivo deve essere *agire secondo il benessere altrui.* Anche di fronte ad uno sfruttato che sia un conservatore-reazionario il compito del populista di sinistra deve essere quello di poter garantirgli una vita felice. La sinistra al caviale ha perso il momento populista dimenticandosi come si fa politica *per la gente.*

Ed osa lamentarsi.

Il populismo trasversale

Occorre poi citare un'altra forma di populismo, definibile *trasversale*, in quanto il dissenso espresso non si basa tanto sulla speranza di eguaglianza sociale, ma nemmeno sulla paura. Questa forma di populismo in Italia utilizza il valore dell'*onestà* attraverso il Movimento 5 Stelle, ed è incarnata mediante l'opposizione agli sfratti dai populisti croati di Zivi Zid. La debolezza ideologica di questa forma di populismo lo rende facilmente adattabile nel bene e nel male. Le peregrinazioni pentastellate in Europa, in cerca di un gruppo parlamentare, sono parse come una vera e propria barzelletta politica. Trovare il capo politico Luigi Di Maio chino davanti ai cattivoni della CDU, poi ad implorare il GUE/NGL, tutto ciò passando da Farage ai liberali, fa sinceramente sorridere.

Vedendo tutto questo mi sento spinto a condividere il pensiero di Rosa Fioravante, ossia quell'idea secondo cui qui in Italia c'è chi ha un'ideologia (Salvini e Meloni) e la usa per i suoi loschi scopi e chi invece non sa neanche da che parte è voltato (tutti gli altri). Il vero fronte non potrà mai essere democratici contro fascisti o casta contro cittadini, ma sfruttatori contro sfruttati, o meglio, nell'interpretazione bookchiniana, *dominatori contro dominati*.

Politica estera europea ed ipocrisia filo-turca

Dopo aver fatto un elenco di alcuni stati canaglia sostenuti dall'UE e dalla NATO, organizzazione guerrafondaia ed anacronistica, contro la quale dovrebbe prendere posizione un eventuale fronte panmediterraneo, vorrei soffermarmi su una nazione in particolare: la Turchia del criminale di guerra Recep Tayyip Erdogan.

Nato a Istanbul in un noto quartiere popolare, il futuro dittatore democratico passava i suoi anni giovanili a vendere limonata e focacce di sesamo. La sua adolescenza era sospesa tra conservatorismo islamico e conoscenza dei luoghi più degradati della città. Dopo essersi dedicato anche allo sport, riuscì a conseguire una laurea in Economia e Commercio. La sua carriera politica fu tempestosa e fatta di un successo dopo l'altro: il passaggio da sindaco a primo ministro e poi a presidente della Repubblica. Erdogan incarna il prototipo di quella tendenza politica che viene definita *democratura,* con una separazione dei poteri oggi pressoché inesistente, ma senza che vi sia mai stata l'abolizione delle elezioni. Il raìs controlla tutti i media, dai social alla TV, che possono essere silenziati e/o censurati in momenti di crisi interna. Il neo-ottomanismo che la sua figura sprigiona emana un senso di sconforto e di offesa al laicismo propugnato da Mustafa Kemal Ataturk. L'esistenza stessa di Erdogan pare un vilipendio al kemalismo turco, un'ideologia transizionale ricca di difetti, ma che intanto aveva segnato un solco netto tra Stato e religione. Il bigottismo di quest'uomo è una soluzione acida di islamismo, liberismo economico, anti-femminismo, fondamentalismo e disgusto verso la democrazia e verso un Occidente che in realtà sborsa fior di danari al Gran Visir pur di avere un profugo in meno.

Chiariamoci subito: la Turchia in quanto a manie genocide aveva già avuto precedenti squallidi tra lo sterminio degli Armeni e dei Greci del Ponto. Ma quello che sta accadendo oggi nella Comune Internazionale del Rojava e nel Bakur è assolutamente scandaloso. Un popolo inerme, in prima fila contro il terrorismo, e promotore di una società eco-confederale sta per essere massacrato silenziosamente. Ambo l'Apoismo della Rojava e un potenziale bioregionalismo panmediterraneo deriverebbero dalla stessa radice bookchiniana. Senza gli scritti di Bookchin, Ocalan non si sarebbe mai convertito politicamente ad Imrali e non avrebbe mai abbandonato il marxismo-leninismo; per cui è proprio Bookchin il creatore di una forma di eco-socialismo nuova, moderna e adattabile al XXI secolo.

Tornando all'ipocrisia UE verso la Turchia, l'Italia è l'ultima che può girarsi dall'altra parte. I vergognosi affari di Leonardo-Finmeccanica hanno rimpinguato l'arsenale bellico del raìs. E la verità sta nel fatto che il libero popolo del Rojava è abbandonato a se stesso. Visto con scetticismo dall'asse Putin-Assad e sfruttato dagli americani per ripulire la Siria dai terroristi (senza che gli Americani stessi si ripuliscano poi la coscienza), il libero popolo della Comune Internazionale non viene nemmeno accettato dai fascisti rossi nostrani: marxisti-leninisti che accusano la Federazione di essere la quinta colonna americana, ignorando completamente il fatto che, quando il germoglio della rivoluzione confederale si palesava, degli americani nel Nord della Siria non vi era l'ombra. Le forze del Rojava sanno che degli USA c'è poco da fidarsi, sospetti poi divenuti conferma, nel momento in cui Trump permetteva la carneficina nota come *Operazione Primavera di Pace*.

Il partito Giustizia e Sviluppo del dittatore democratico non è l'unico baluardo della reazione anatolica: un filo lega infatti gli islamisti con i fascisti turanici di MHP, braccio politico dei Lupi Grigi. Odio contro le minoranze, Islam e tradizionalismo turanico sono la ricetta migliore per opprimere Curdi ed Armeni, ma anche semplicemente la democrazia. *Islamofascismo* è forse un termine corretto per definire questa alleanza, pronta a riportare in auge il Medioevo in tutto il Vicino Oriente. Tale miscuglio imperialista, d'altra parte, non è pericoloso solo per il popolo libero del Rojava, ma anche per uno dei PIGS(C): la Grecia. Difatti, il disprezzo neo-ottomano per il popolo greco e l'occupazione militare dell'isola di Cipro sono altri punti caldi della destra turca. Non tutto l'elettorato nazionalista, però, vi è da dirlo, è così profondamente religioso e illiberale. Possiamo infatti citare l'Iyi Party di Meral Aksener, che, in un'alleanza contronatura con i socialdemocratici, ha cercato di mobilitare le frange nazionaliste più restie a sottostare ai diktat di Erdogan. La Turchia è un paese in cui, come anche la Grecia, trovare un forte partito di centro è sempre stata una faccenda rara. L'Iyi Party, pur mantenendo il suo background della destra nazional-conservatrice, ha cercato di occupare questo spazio centrista, senza mai disprezzare i valori democratici e civili. Appare dunque chiaro come il raìs, nel corso della sua scorsa campagna elettorale, abbia cercato di evitare il più possibile un confronto diretto contro Meral: la paura di essere inviso all'elettorato nazionalista è sempre stata una costante. Erdogan non è stupido: egli riesce a gestirsi ogni volta le situazioni di tensione e/o di emergenza per riuscire a piegarle a suo favore. È un abile stratega, che, per il linguaggio reazionario e la furbizia politica, può essere paragonato al nostro Matteo Salvini. Se l'idea dell'uomo forte è una moda ormai diffusa internazionalmente, l'idea di una barbara mascolinità può essere sostituita dal carisma di uno messa al servizio del popolo.

Per il popolo

Le forze progressiste panmediterranee, se vogliono prevalere in questo scontro, non devono rifiutare del tutto il mito dell'uomo forte, ma proporlo in salsa diametralmente diversa, se ne hanno la possibilità. L'uomo forte deve essere dunque colui che mette a

disposizione il proprio acume per la radicalizzazione della democrazia, in un mondo in cui le forze reazionarie paiono ascrivere la
democrazia a *cosa da sfigati*. Lo stesso Vladimir Putin arrivò a dire
che il liberalismo è ormai cosa stantia, inutile e fuori moda: occorre
non permettere che prevalga questa narrazione. Occorre rompere
i rapporti con i liberal-progressisti per lanciare un reale progressismo radical-ecologico, bioregionale e nazional-rivoluzionario. *Rivoluzionario nella dialettica, radicalmente riformista nei contenuti*

Econazionalismo reazionario: il caso dei Domà Nunch

Anche fondendo i valori patriottici-localisti e quelli ecologisti lo
spettro della deviazione reazionaria non sarebbe comunque evitato del tutto. Mentre gli econazionalisti sardi hanno infatti sposato il
mondo progressista, tra Italia e Svizzera hanno preso forma i Domà
Nunch di Lorenzo Banfi. Un sacrosanto sentimento insubre viene
dunque inquinato da teorie xenofobe, bufale su una presunta sostituzione etnica e tradizionalismo conservatore. La destra econazionalista è la brutta copia dei nostri valori econazionali, volti ad inserire la patria in un contesto civile e universale. Il mondo biologico
e quello sociale devono intrecciarsi in modo talmente profondo da
far sì che la società diventi natura e la natura si trasformi in società.
Quello che i Domà Nunch non hanno capito è che non si può disprezzare alcuna creatura biologica poggiante sullo stesso suolo, in
quanto porterebbe al più completo oltraggio alla rinascita eco-pa-
triottica. La patria va oltre l'etnicità, lo specismo, la religione e il
colore della pelle: tutto quanto ci circonda è patria, così che l'antro-
pico e il naturale si abbracciano sinuosamente, in modo inclusivo e
misteriosamente affascinante. L'uomo è natura in atto e la politica è
un modo nobile per fare in modo che l'uomo e la natura continuino
a conciliarsi. Il bioregionalismo ha dunque un grande compito: fare
in modo che dalla Spagna alla Grecia ciascun insediamento umano
possa essere inserito in contesto completamente compatibile con
le caratteristiche naturali del luogo. Il bioregionalismo è una forma
mistica di ecologismo, è l'uomo che stringe un accordo di pace con
la quella porzione di territorio che la madre terra ha a lui affidato.

L'Insubria diventa nella retorica dei Domà Nunch un'etichetta identitaria e non radicalmente rivoluzionaria. Tale movimento, finchè non arriverà a ripudiare il *dominio dell'uomo sull'uomo* di bookchiniana memoria, sarà incapace di opporsi al *dominio dell'uomo sulla natura.*

Quando passai qualche giorno nella piacevole cittadina di Sappada, un gioiello nascosto tra i paesaggi dolomitici, rimasi colpito dalla commistione tra senso di autonomismo, ecologia e patriottismo distante da rigurgiti reazionari. Questo territorio mi sembrò subito adatto all'applicazione del mio modello politico. La distanza della mia prospettiva progressista da quella conservatrice dei Domà Nunch si è potuta ben osservare nella presa di posizione di costoro nei confronti della Catalogna. Per il loro odio vorace nei confronti del progressismo non esitarono a schierarsi dalla parte degli usurpatori della democrazia e dei neo-franchisti. I catalani, secondo questo ragionamento, possono dunque essere sacrificati, perché ripudianti la xenofobia e abbraccianti un patriottismo civile che ha le sue radici nei movimenti libertari che risalgono alla Guerra Civile. I Domà Nunch si comportano dunque da *eco-franchisti*, rinnegando la possibilità di autodeterminazione ad un altro popolo, salvo poi lottare egoisticamente per la propria. Questo si allaccia alla non sottovalutabile problematica di infiltrazioni neo-fasciste nei movimenti verdi italiani. Ex missini poi dediti alla causa ambientale: ciò implica una certa prudenza. Occorre stare attenti che un simile progetto non possa essere rovesciato dall'interno, perché il morbo reazionario, oltre ad essere abbastanza diffuso, è pure fertile e fecondo. Occorre lottare affinché la rinascita verde venga abbracciata con convinzione anche dai compagni della Sanca Veneta e che proliferi ancor di più sulle coste sarde. Queste comunità locali si possono facilmente inserire in una tradizione che si estende da Barcellona ad Alghero, dalla Galizia al Friuli. Ancora diversa è in Italia la tradizione sudtirolese, ma di quest'ultima non possiamo parlare proprio di progressismo.

Sono convinto che una buona capacità dialettica possa essere sufficiente nel proteggere queste teorie da contaminazioni nocive presenti nel mercato variegato delle ideologie contemporanee.

Patria, comunità, ecologia, autonomia, socialismo

I popoli liberi non smetteranno mai di avere a cuore questi ideali nel momento in cui la coraggiosa dialettica potrà avere la prevalenza nel momento populista. Il nuovo errejonismo italiano sta aspettando il momento in cui potrà sorgere: i reazionari greci, italiani, spagnoli, portoghesi e catalani sono messi in guardia. Il vantaggio guadagnato da loro per l'assenza di una dialettica antagonista credibile non potrà essere eterno. E se il momento populista continuerà ad autoalimentarsi, la legna da ardere per accendere questa esperienza, che potrà soffocare il morbo, sarà sempre presente.

Bioregionalismo europeo e confederalismo orientale: due modelli per contrastare la catastrofe ecologica

Ma quali sono dunque le differenze più grandi tra un'esperienza come quella del Rojava in Siria e un potenziale prodotto europeo bioregionale?

Innanzitutto parliamo di un agglomerato di radici ideologiche differenti, nonostante un pensiero di base comune. Il Rojava è un esperimento prima di tutto *post-anarchico* e poi *socialista, ecologista e pluralista*. Seguendo invece una lettura di Bookchin e Apo in chiave anarco-nazionalista potremmo dire che in Europa sopravvivrebbe di questa esperienza il *naturalismo dialettico*. Il termine è stato coniato in antitesi all'hegelismo, percepito come anti-naturalistico. Il plurinazionalismo italiano non è, d'altra parte, così radicalmente variegato quanto quello che caratterizza il Kurdistan siriano. Giustamente esistono in Italia delle nazioni, come quella sarda, che devono essere riconosciute e rispettate come tali. Tuttavia, è imparagonabile questo aspetto con la demografia del Rojava. L'Italia, come nazione bookchiniana, non è assolutamente un'utopia. Bisogna, tra l'altro, ricordare che fu proprio questo paese a conferire a Serok Apo la cittadinanza onoraria: l'atto fu anche, a mio parere, un'opportuna voglia di liberarsi delle gravi responsabilità italiane nella cattura di Apo stesso. Bookchin è uno strumento talmente potente dal punto di vista ideologico che Apo fece la rivoluzione da dietro le sbarre di una prigione. Lo stesso Apo, tra l'altro, quando Bookchin era ancora in vita, chiese un colloquio con il filosofo dell'ecologia radicale, ricevendo però un diniego per le condizioni precarie di salute di quest'ultimo. Quello che mandò in crisi Ocalan fu il concetto di *lotta di classe*, considerato riduttivo per la società del XXI secolo. Di fronte alla radicalizzazione del capitalismo finanziario occorreva la radicalizzazione della democrazia, proprio per il fatto che il capitalismo era uscito dagli schemi dei secoli scorsi. Il marxismo era dunque destinato a fallire perché si trovava di fronte ad una società sia capitalistica che *post-capitalistica*. Il bioregionalismo europeo aggiunge dunque uno slancio patriottico per spezzare le catene di un'Unione Europea *post-capitalistica*, specchio perfetto della società del suo tempo.

Quello che non possono tollerare i servi del politicamente corretto è che l'opposizione al sistema sia di tipo democratico-costituzionale e progressista. La fatica degli attivisti per il fluire del progresso è doppia: occorre stare attenti per non rimanere appiattiti sul populismo di destra, militarista e reazionario, per non fare il gioco dei venditori di pentole che vorrebbero dipingere tutti gli oppositori come barbari ignoranti.

Il bisogno di evitare la catastofe ecologica diventa al giorno d'oggi sempre più incombente: la morte di una donna uccisa da una tromba d'aria nel nostro paese e gli incendi siberiani sono un campanello d'allarme inquietante. Tutti i paesi mediterranei, e possibilmente mondiali, dovrebbero dichiarare lo stato massimo di emergenza ambientale. Temperature che raggiungono livelli da record mettono a rischio i ghiacci artici e portano a desertificazione e cataclismi. Da non sottovalutare, lo dico da futuro medico, il rischio batteriologico: il cambiamento climatico porterebbe alcune malattie a proliferare in luoghi tradizionalmente estranei ad esse. Virus, batteri ma soprattutto pericolose amebe e protozoi viventi nei luoghi più temperati potrebbero rappresentare un pericolo immane. Da notare che, mentre fino a qualche anno fa le previsioni più nefaste profetizzavano il disastro da qui a 80, 90, 100 anni, ora si parla di un rischio sempre più imminente. È assai probabile che il cambiamento climatico possa avere effetti diretti sulla nostra vita quotidiana nel giro di qualche decennio. Temperature paragonabili a quelle del Cairo saranno riscontrabili dall'altra parte del Mediterraneo, mentre noi, da stupidi esseri inermi, continuiamo a minimizzare gli effetti, illudendoci dell'esistenza di un liberalismo verde, un ircocervo pericoloso a cui dedicherò un piccolo capitolo apposito.

Fermare l'avanzata della catastrofe ecologica vuol dire anche considerare rilevante il nesso uomo-natura. Kropotkin, molto prima rispetto a Bookchin, aveva iniziato a studiare questo aspetto, rifacendosi anche ad alcune osservazioni di Charles Darwin. Addirittura Kropotkin arrivò a porre esempi di *giustizia naturale* sostenendo l'idea che in alcune forme biologiche particolarmente evolute vi fosse un desiderio innato di giustizia. Egli parla di volatili che si dividono quasi consciamente delle zone di caccia, in modo che nessuno possa essere lasciato in una condizione di svantaggio. Il primato del mondo biologico sulla sfera economica ha portato poi nel 1971 l'economista rumeno Nicholas Georgescu-Roegen a parlare per la prima volta di bioeconomia. L'idea di coniugare le scienze economiche con il secondo principio della termodinamica fu sensazionale: ciò permise l'incorporamento teorico dell'entropia nell'economia. Furono le fondamenta della *decrescita* sostenuta dal filosofo francese Serge Latouche, localista ed ecologista convinto. L'economicismo sviluppista ed occidentalista avrebbe dunque invaso l'immaginario collettivo: per Latouche l'obiettivo era incredibilmente ambizioso, ossia de-economizzare la cultura occidentale. L'*imperialismo culturale* diventa quindi un nemico da combattere con tutte le forze, perché motore del pensiero anti-ecologico. Il radicalismo di Latouche arrivò a scagliarsi perfino contro il concetto di *sviluppo sostenibile,* ritenendolo un tentativo di mantenere in vita lo sviluppo sregolato ed ecocida. Pare questa una netta somiglianza con i discorsi di Bookchin che attaccavano l'ambientalismo strumentale ed il mondo ecocapitalista.

Si può dire che sicuramente il pensiero di Latouche fu influenzato dall'antropologo ungherese Karl Polanyi. Da quest'ultimo nasce l'idea della *innaturalità* della società di mercato come oggi la conosciamo, come se il capitalismo contemporaneo sia un'anomalia della storia, un errore dovuto ad una degenerazione del sistema uomo-natura. Oggi le teorie di Polanyi sono state riprese con un nuovo vigoroso interesse da molti critici della globalizzazione: i rischi dell'antropocentrismo stanno lentamente venendo alla ribalta e non è più possibile continuare a voltarci dall'altra parte. L'idea di uno sviluppo cumulativo, di equivalenza tra sviluppo stesso e progresso, di mercificazione del pianeta, è una tendenza moderna, frutto di una distorta comprensione della realtà. L'imperialismo materiale e l'imperialismo culturale sono figli dell'egocentrismo umano, armato contro la rivoluzione ecologica panmediterranea.

Una critica ecologica all'ambientalismo antropocentrico fu diretta dal norvegese Arne Næss, che utilizzò per la prima volta l'espressione *deep ecology,* ossia *ecologia profonda.* Quando Murray Bookchin scrisse *Ecology Of Freedom* cercò di correggere alcuni aspetti dell'ecologia profonda. In primis Bookchin attaccò quest'ultima accusandola, a parere mio in modo valido, di essere anti-umanista. La critica all'antropocentrismo non può infatti portare al disprezzo dell'uomo e dell'umanità intera. La lotta all'antropocentrismo eleva l'umanesimo su un piano di saggezza superiore, non svilisce l'uomo relegandolo a semplice scarto della natura. Il biocentrismo estremista mal riesce a coniugarsi con l'ecologia sociale, perché anziché creare l'equilibrio tra l'uomo e la natura, porta l'uomo a due gradini al sotto del resto del creato. Il senso molto "cristiano" di colpa ecologica non deve condurre l'uomo alla mortificazione ma all'elevazione intellettuale, all'aumento della responsabilità nei confronti del sistema ambiente. La colpevolizzazione dell'umanità, senza possibilità di rinascita, ossia il disfattismo ecosuprematista non appartiene né a me né a Murray. Entrambi cerchiamo di creare un rapporto di solidarietà tra l'uomo e le altre specie biologiche, raggiungendo equilibri stabili e sereni.

Questo permette dunque di capire il perché l'umanesimo bookchiniano può essere integrato con le visioni di Laclau, Mouffe ed Errejòn; mentre ciò non può accadere con la visione ecosuprematista di Næss.

Un aspetto importante di Bookchin, inoltre, è che, pur essendo un ecologista radicale, non ripudia la tecnologia. A differenza di altri pensatori quali ad esempio il filosofo John Zerzan, il quale auspica uno stile di vita praticamente preistorico, Bookchin vuole che la tecnologia venga utilizzata per favorire e non per distruggere l'equilibrio ecologico. Zerzan sostiene che è dunque l'avvento della civiltà che ha portato al retaggio del dominio. Così facendo, a mio parere, dimentica che nel mondo sono esistiti comunque casi di società matricentriche e/o solidali. Bookchin spiega bene come prima di arrivare al binomio statalismo-patriarcato ci sono stati passaggi lenti e graduali. Il modello che Zerzan desidera dunque sia applicato è quello di una società primitivista: a me pare dunque che, più che un pensatore ecologista, sia un ruralista con strambe venature primitive.

Da econazionalista ed ecosocialista bioregionale-panmediterraneo il mio obiettivo non deve divenire quello di invocare il passato, bensì di affrontare il futuro attraverso gli strumenti della politica e il *ritorno e rinnovamento della politica*; fare quindi in modo che la politica, almeno in questo paese, torni a contare qualcosa.

Definire il bioregionalismo

Ma a questo punto, date le premesse esiste una definizione univoca di bioregionalismo? A dire il vero, sono diversi gli studiosi che hanno cercato di definire in qualche modo questa piattaforma politica di equilibrio tra mondo naturale e società civile. Forse la definizione più celebre è quella data da Thomas Rebb:

> *"[...] forma di organizzazione umana decentrata che, proponendosi di mantenere l'integrità dei processi biologici, delle formazioni di vita e delle formazioni geografiche specifiche della bioregione, aiuta lo sviluppo materiale e spirituale delle comunità umane che la abitano."*

Risale al 1971 invece la prima definizione di *bioregione:* in quell'anno dalla collaborazione fra Van Newkirk ed il militante ambientalista Peter Berg si arrivò a parlare di un *territorio che possiede caratteristiche di omogeneità culturale* e *biofisica*.

Berg, cresciuto in Florida, dedicatosi all'ambiente fin da giovane, arrivò ad abbracciare le tesi di interconnessione uomo-ambiente-società:

> *"[...] a geographic area defined by natural characteristics, including watersheds, landforms, soils, geological qualities, native plants and animals, climate, and weather...[which] includes human beings as a species in the interplay of these natural characteristics."*

Dal testo originale possiamo osservare come piante, animali, umani e terreni siano posti all'interno di una profonda rete di interazioni. La *macchia mediterranea* è un territorio adatto per studiare queste interazioni e difenderle attraverso il primato della politica. La filosofia politica bioregionale può spingersi oltre plasmando l'*eco-urbanistica,* un esponente della quale potrebbe essere Lewis Mumford, che porta ad un rafforzamento della componente *green* in territorio urbano:

> *"La conservazione è uno stato di armonia fra gli uomini e la terra."*

Questo è quello che sosteneva un altro dei grandi padri ecologisti, lo statunitense Aldo Leopold. Di lui colpisce in particolare il messaggio etico: la finalità di raggiungimento dell'equilibrio in pericolo non è dettata dal senso di colpa o dall'umanesimo bookchiniano: in questo caso la difesa della Terra diventa quasi una cieca giustizia. Cacciatore di formazione, ma rispettoso della flora e della fauna, Leopold utilizzò il suo desiderio di moralità per forgiare l'ecologismo nella prima metà del Novecento. Il senso di appartenenza al pianeta fu dunque precoce, aprendo la strada poi alle teorie ecologiche del secolo successivo, prima fra tutte l'*ecologia sociale.*

Ecologia e arte

Quando Murray Bookchin disse che l'ecologia non è solo scienza ma è anche arte effettivamente ci aveva visto giusto. Se vi fu un genere poetico particolarmente potente dal punto di vista emotivo, sicuramente fu quello dell'*ecopoetry.* La poesia ecologica rompe gli standard del mondo bucolico classico. La natura non è più in un equilibrio permanente ed immodificabile, ma è sconvolta dalle azioni scellerate di un'economia sbagliata e di una cultura irresponsabile. Il rapporto partitario uomo-natura finalmente acquisisce una forma chiara, anche se ciascuno degli intellettuali che ho avuto il piacere di ricordare in precedenza ne ha una visione differente. Il dolore dell'albero sradicato, del fiume graffiato dai liquami, della foresta in fiamme, diventano un nuovo modo di vedere la sofferenza nel mondo. Gary Snyder è sicuramente uno dei più grandi cantori di questo stato d'animo perennemente tormentato, anticipando la spiritualità ecologica dei decenni a venire. La politica populista deve far propri i sentimenti della poesia ecologica per poter toccare nel profondo gli animi del popolo. Snyder mescola in modo suggestivo il romanticismo, il tribalismo, lo spiritualismo e l'ecocentrismo e prova dunque a farsi portavoce della sensibilità ecologica.

> *"Un gufo strizza l'occhio nell'ombra.*
> *Una lucertola si alza sulle zampe, la gola palpitante.*
> *Un giovane passero allunga il collo."*

Chiarito il significato del potenziale *populismo bookchiniano*, occorre un viaggio più approfondito all'interno di ciascuna nazione mediterranea. In ciascun PIGS(C) vi saranno aspetti tipici e altri che invece tenderanno a ripresentarsi. Occorre prima analizzare l'Italia, la cui situazione politica è estremamente particolare e dove la cultura reazionaria ha acquisito, come ho già spiegato, un'*egemonia* non da poco.

In ognuna di queste nazioni ripongo un desiderio sincero di rivolta contro la cultura europea del bilancio e dell'ipocrisia contro-ecologica. Ho definito già questo sentimento patriottico-democratico come *repubblicanesimo verde*. *Repubblicanesimo* perché la forma più democratica, oltre ad essere decentralistica, deve essere rappresentata anche da istituzioni repubblicane. *Verde* perché chi combatte per unire i popoli mediterranei contro l'austerità europea combatte anche per salvare le nostre terre dal glifosato e dalla devastazione neo-liberista. Sarò onorato se un giorno qualche reazionario di estrema destra e/o di estremo centro vorrà definirmi il primo *populista verde*.

III. Italia: il bioregionalismo possibile?

Lo statalismo tutto italiano

Ci sono due malattie che tormentano lo scenario politico italiano: la prima è più profonda, ossia lo *statalismo post-marxista* della sinistra. La seconda, usando neologismi scanziani, è il *Renzusconismo*.

L'idea dello Stato come unico garante possibile dei servizi e del benessere è ormai profondamente insita nella mentalità della sinistra italiana, e dunque l'ostilità a qualsiasi forma di autonomia. Chiariamoci subito: le campagne per cui ha combattuto la Lega in quanto all'autonomia sono distanti dalla mia visione della vita e del mondo. Agli autonomisti di sinistra interessa molto meno la questione del federalismo fiscale, in quanto credono che l'autonomia sia innanzitutto una questione etica e culturale. Autonomia vuol dire innanzitutto porre meno ostacoli a forme di democrazia diretta e partecipativa. La *democrazia diretta* pura è sicuramente di matrice comunalista e non ha nulla a che vedere con la farsa pentastellata, che piega la *direct democracy* agli interessi degli iscritti. Quando il Partito Democratico, incaricato di formare il governo con il Movimento 5 Stelle, dovette fornire i propri punti programmatici da applicare in un programma comune, pose tra questi la centralità del parlamento e della democrazia rappresentativa. Appare chiaro come l'obiettivo fosse stato quello di fare uno sgarbo a Rousseau. Ma, comunque, voglio aggiungere: la democrazia diretta e quella rappresentativa non sono completamente antitetiche. È possibile coniugare forme di democrazia partecipativa con l'esistenza di un parlamento eletto dai cittadini. E, qui, bisogna specificare che la democrazia diretta non potrà mai essere davvero tale, se si utilizzano apparecchiature digitali facilmente hackerabili, quali la piattaforma Rousseau. Senza poi contare che il numero di iscritti a Rousseau non è paragonabile al numero di elettori del Movimento 5 Stelle. La vera democrazia diretta esercita il volere della comunità, o ancor meglio dell'eco-comunità: la potrei dunque chiamare *green demo-*

cracy.

Tuttavia, mi tocca riconoscere un merito ai tanti demeriti del Movimento 5 Stelle: vi è stata sicuramente una progressiva apertura alle tematiche dell'autonomismo. L'autonomismo come antimeridionalismo: è uno dei peggiori luoghi comuni della sinistra italiana. Sicuramente le responsabilità di questa contaminazione culturale centralistica sono anche della Lega, a cui interessa ben poco dell'autodeterminazione dei popoli, ma che invece desidera(va) davvero una secessione fondata unicamente su squilibri di ricchezza. Il difetto delle varie sinistre italiane è estendere però l'idea di *secessione del ricco* a qualsiasi forma di organizzazione decentrata, quasi a dire che il sociale dovrà essere sempre un monopolio dello stato centrale. Ma non è così: il sociale è delle piccole comunità che devono essere investite della rivoluzione ecologica. Il ruolo dirigista dello stato talvolta può condurre a veri miracoli economici, ma il suo superamento ne può condurre ancora a migliori. Un'ottima mescolanza di nazionalismo, socialismo e populismo può essere individuata nel kirchnerismo argentino, variante progressista dell'ideologia trasversale del peronismo. Molti opinionisti videro nel peronismo un fenomeno trasversale e indecifrabile. Se è vero che il peronismo non fu mai razzista, xenofobo e reazionario, le sue posizioni economiche sono in parte, o meglio lo erano, riconducibili al fascismo italiano. Dunque, mi pare eccessivo parlare di fascismo democratico, ma è innegabile la matrice sindacalista rivoluzionaria che ha influenzato questo pensiero. Si può dire che il peronismo sia *tutto ma anche nulla*, in quanto si definiscono peronisti partiti argentini di centro, quanto di destra e di sinistra. Quest'ultimo, il Fronte per la Vittoria, sotto lo scettro ideologico dei coniugi Kirchner ha combattuto contro le lobby speculative che hanno piegato l'Argentina nel 2001.

Ma tornando ora alla nostra area euromediterranea, lo statalismo italiano è stato dovuto, a mio parere, anche alla paura che ha subito fatto accantonare l'ipotesi federalista dopo la proclamazione dell'unità del paese. Paura che ha fatto intendere lo stato unitario come unica possibilità per evitare una nuova frammentazione. Un ragionamento, tra l'altro, di dubbia scientificità, che non mi pare abbia affatto risolto il divario tra Nord e Sud del paese.

Un altro dei motivi che, secondo me, ha ostacolato la genesi di una coscienza federale in Italia è il fatto che l'antifascismo italiano si sia costruito in modo del tutto diverso dall'antifranchismo spagnolo. Quest'ultimo ha subito fatto suo cavallo di battaglia la tutela delle comunità gallega, basca e catalana. L'antifascismo e il decentralismo, come poi spiegherò meglio, hanno fatto in modo che la cultura statalista non si radicasse nella sinistra spagnola. Nessuno spagnolo progressista metterebbe in discussione la coesistenza di autonomismo e socialismo. Invece qui in Italia occorrerebbe spiegare ai Cremaschi e ai Fassina di continuare a combattere la Lega, ma di smettere di condannare l'autonomia in sé come se fosse qualcosa di incompatibile con una visione nuova e sociale del paese. Tra l'altro, alcuni arrivano a mettere in discussione perfino la costituzionalità dell'autonomismo. E questo lo trovo ridicolo, in quanto basterebbe semplicemente dare un'occhiata alla Costituzione:

> *"Ulteriori forme e condizioni particolari di autonomia, concernenti le materie di cui al terzo comma dell'articolo 117 e le materie indicate dal secondo comma dell'articolo 117 e le materie indicate dal secondo comma nel medesimo articolo alle lettere l) ì, limitatamente all'organizzazione della giustizia di pace, n) e s), possono essere attribuite ad altre Regioni, con legge sullo Stato, su iniziativa della Regione interessata, sentiti gli enti locali, nel rispetto dei principi all'articolo 119"*

> *(Costituzione della Repubblica)*

Il regionalismo è medium alla democrazia semi-diretta propria dell'eco-comunità, ma non rinnega la dimensione parlamentare. Un bioregionalista non è completamente né un socialista, né un anarchico, né un nazionalista: in me, per esempio, convivono tutte e tre queste tradizioni, in nome del popolo e per il popolo.

Alla *sovranità costituzionale* di matrice fassiniana preferisco aggiungere il termine *eco-sovranità*, in quanto uno stato non sarà mai sovrano se svende la propria vegetazione ad ecomafiosi e multinazionali senza scrupoli.

Uno degli intellettuali italiani che ha provato ad elaborare una propria teoria politica anti-modernista ed anti-sviluppista è sicuramente Massimo Fini, che crea un vero e proprio movimento culturale. Il *Movimento Zero* fa un passo in avanti rispetto allo statalismo mainstream, dicendo sì alle piccole patrie e rifiutando il dogmatismo marxista quanto quello capitalista. La lotta alla globalizzazione non deve però essere condotta tramite uno sterile antiglobalismo, ma attraverso l'*alter-mondialismo* capace di coniugare patriottismo ed internazionalismo, solidarietà e comunità.

La cultura autonomista deve essere coltivata con cura, proprio perché in questo paese le opportunità non vengono a mancare. Ho citato già bookchinianesimo, giacobinismo, bolivarismo, kirchnerismo, errejonismo, apoismo e mediterranismo quali punti essenziali per ricostruire la sinistra e lanciare la controffensiva eco-nazionale alle forze reazionarie. Il populismo sudamericano, per alcuni aspetti (che chiarirò) in crisi, ridiventa valido nel momento in cui muta la propria pelle. Bookchin, che mai nella vita avrebbe pensato di diventare teorico di una forma (seppur progressista) di nazionalismo, diventa quindi essenziale per poter elaborare una ricetta nazionale conforme al pluralismo, alla democrazia e ai diritti umani inalienabili. La comunità ed il popolo artefice del proprio destino sono delle basi importanti su cui iniziare lentamente ed inesorabilmente a costruire. L'indigenismo neozapatista conferma come l'amore per la propria terra sia esplicabile e valorizzabile in forma decentrata. Chantal Mouffe mostra le ombre, invece, di una società in crisi che più che mai ha bisogno di miti.

Chantal Mouffe è stata il collante di queste aspirazioni comuni a più popoli, come Steve Bannon è stato traghettatore dell'odio partorito dalla mente dei reazionari.

Chantal Mouffe è stata una anti-Steve Bannon e il suo acume ha portato al risveglio di molti popoli europei. Occorre chiedersi dove si trovi il popolo italiano, ingannato dal Renzusconismo e dai governi giallo-verde e giallo-rosso. Mouffe, tra l'altro, dichiarò esplicitamente la propria ammirazione per Gramsci, anche se oggi rimane poco di quel grande pensiero. Era un marxista che, difatti, introducendo l'*egemonia*, aveva aperto paradossalmente la strada al superamento del marxismo. Rimangono di quel nobile pensiero, tuttavia, le manipolazioni fusariste che donano ai reazionari nuovo foraggio, rafforzando il fronte della reazione ed indebolendo quello della giustizia sociale reale.

Il giorno in cui l'Italia si libererà dal proprio bipolarismo politico, nel momento in cui appariranno nuovi indomiti, i reazionari di ogni estrazione torneranno a tremare e sarà lì che la forza della politica tornerà a contare qualcosa. Per il grido dell'ultimo, del miserabile, del sottomesso, del maledetto, dello sfruttato, dello spremuto, del discriminato e dello sconfitto. Quando la bandiera italiana tornerà ad ergersi con orgoglio insieme a quella portoghese, alla Estelada, a quella greca e alla repubblicana spagnola, sarà il tempo in cui il tricolore tornerà a brillare sulla speranza dei dominati. E orgogliosamente il popolo italiano sarà artefice del proprio destino.

Occorre credere nella radicalizzazione della democrazia.

"Si può sostenere che queste ecocomunità avranno le caratteristiche migliori della polis e del comune medioevale, sostenute da ecotecnologie complete in grado di portare gli elementi più avanzati della tecnologia contemporanea – comprese fonti di energia come il vento e il sole – su scala locale. Vi sarà un nuovo equilibrio tra città e campagna – non sobborghi sparsi che mistifichino un pezzetto di prato o qualche albero disposto strategicamente come natura, ma un'ecocomunità funzionalmente interagente, che unisca il lavoro mentale e quello fisico, l'agricoltura e l'industria, l'individuo e la collettività"

(Murray Bookchin)

Tornando a parlare di quella strana creatura antimodernista che è il *Movimento Zero,* interessante notare come, in modo analogo a Bookchin, venga citata la democrazia ateniese. Vi è quindi quella volontà di radicalizzazione della democrazia, anche se il pensiero *ecologista sociale* rimane rigorosamente bookchiniano.

Il kirchnerismo, d'altra parte, aveva condotto oltre il 6% del PIL argentino ad essere impiegato nel settore dell'istruzione, mentre oggi, nella nostra penisola, i crolli degli edifici scolastici sono considerabili di routine: tutto ciò è estremamente angosciante. Per capire il perché tutta questa ostilità dei vari governi di centro-destra e di centro-sinistra nei confronti dell'intervento pubblico in economia, occorre però già introdurre la seconda malattia politica dell'Italia, quest'ultima più moderna e recente: il *Renzusconismo*

Il morbo del Renzusconismo

Il termine *Renzusconismo* è entrato in voga grazie alla critiche pungenti di Andrea Scanzi, giornalista del *Fatto Quotidiano*, scrittore di un libro in cui si mettono in evidenza le analogie tra i due leader Silvio Berlusconi e Matteo Renzi. Il *Renzusconismo* è in questo paese non solo un'ideologia politica, ma una religione laica, una cultura che svilisce questa nazione e che pone il debole quale preda semplice del potente. Il *Renzusconismo* è ovunque: esso è a destra, a sinistra ed è stato inculcato nell'architettura mentale del popolo italiano. È incomprensibile una realtà politica senza Renzusconismo. Quest'ultimo è *la* politica italiana, lo è stata e continuerà ad esserlo per chissà quanto tempo.

Fa sorridere quando un anticomunista come Berlusconi appare dunque più vicino a Mao Zedong di quanto egli vuol far credere: la sua rivoluzione culturale ha cambiato per sempre il popolo italiano, agendo in un momento assai strategico, quando la sua ricetta era messa in uno scenario tale da fingersi non solo nuova ma salvifica. Renzusconi ha in comune la propensione alla menzogna e all'inganno, la religione dogmatica dell'europeismo fine a se stesso, l'odio nei confronti dei diritti dei lavoratori. Potere ai mercati, non ai popoli: condizione sufficiente a mettere in moto l'onda nera terrificante che nutre d'odio gli europei. Renzusconismo è teatro, è dissimulazione della realtà, è lottare affinchè l'interesse dei pochi prevalga sui molti. Renzusconi è atlantismo guerrafondaio, è consegnare il paese ad un sistema lobbistico ed antidemocratico. E la reazione al Renzusconismo alternativa all'onda nera è stata la *marea gialla*, incolore, o forse multicolore. Costoro hanno fallito: il terreno, lo ripeto per la millesima volta, andrebbe liberato per la rinascita econazionale.

Il potere mediatico del Renzusconismo mentre governava questo paese è stato un' enorme prigione nella quale la voce della dissidenza per anni non si era fatta sentire. La dissidenza gialla ha avuto il merito di chiudere le porte ad una dissidenza nera (che poi a tratti è riuscita comunque a prendere forma), ma ha avuto il demerito di chiuderle al socialismo. Il socialismo giallo è ben più deludente di quello rosso. Rinnega il conflitto sociale, ma poi si propone di fermarlo. L'antiberlusconismo è dunque arrivato ad esplicarsi in questo modo debole, dal momento che il centro-sinistra italiano è più berlusconiano del centro-destra, e quindi le possibili alternative erano introvabili. Il berlusconismo, a sua volta, aveva comprato da Fini l'onda nera, così che il nazionalismo reazionario italiano (come anche l'aznarismo) è sempre stato visto come succube ai mercati. L'aznarismo ed oggi la retorica meloniana hanno introdotto nel post-fascismo i dettami sacri del liberismo economico. Liberismo aggressivo, xenofobia ed oscurantismo hanno dunque rubato le masse popolari facendo credere alla nazione italiana che una lieve colorazione folkloristica sia sufficiente a difendere gli interessi del popolo. Ma dietro questa colorazione folkloristica ci sono le marce ricette liberali. Il *liberal-fascismo* é un fenomeno molto in voga di questi tempi, che dall'imbarazzante Jean Marie Le Pen porta la sua orrida eredità ad Aznar, a Ciudadanos, ai Mitsotakis. *Non c'è nulla di peggiore nello svendere la propria nazione che farlo dicendo di essere dalla parte di essa.* Colui che intende svendere il popolo italiano, il popolo catalano, il popolo spagnolo e repubblicano all'Ungheria o ai petrolieri russi è collocabile moralmente e politicamente al pari di un baciamano della signora Von Der Leyen.

Il Renzusconismo è pericoloso perché ha avuto più un impatto sulla struttura mentale di un popolo che deve rialzarsi, che sulla vita materiale di un paese. Il secondo si può riparare con una buona politica. Il primo esige un impatto culturale della stessa intensità, che non sarà mai fattibile con la retorica di un Civati, di un Fassina o di un Bersani.

Il Renzusconismo ha spostato con la formazione della creatura gialla l'arco politico italiano talmente a destra da toccare il limite dell'imbarazzante. Osservo il Renzismo e trovo elementi del torismo inglese, del popolarismo di Rajoy, del populismo di Rivera. Quel populismo che, però, parla a chi ha la pancia piena.

Eliminare l'eredità catastrofica del Renzusconismo si può e si deve fare. Sarà un lavoro lento, lo so. Ma non è sano o accettabile lasciare che le situazioni rimangano in questa maniera per le prossime venticinque legislature. Di fronte all'astensione elevata, è bene spiegare ad un popolo deluso che la politica può e deve contare nella vita di tutti i giorni.

Fare politica per la patria, per la natura, per i popoli, per la gente.

La spirale del mostro bifronte

Quella del *Mostro Bifronte* è una metafora che spesso utilizzo per indicare simbolicamente il liberal-fascismo. L'establishment ha bisogno dei reazionari e i reazionari hanno bisogno dell'establishment. La spirale del Mostro Bifronte è autoalimentata: è autocatalisi catastrofica. Occorre uscire il prima possibile da questa narrativa che presenta i buoni contro i cattivi, gli artigiani del tossico rigore contro personaggi catapultati dal medioevo a questo secolo. L'elettore progressista anti-sistema per sfinimento rischia di votare i primi, sperando di combattere l'onda nera con il nulla; o peggio, votare i secondi in nome di un falso sincretismo che non coincide in alcun modo con il mondo reale. Il mondo progressista italiano è la prima vittima del Mostro Bifronte, in quanto la suddetta sinistra italiana dà la vivida impressione di vivere nel mondo dei sogni, in un'illusione soporifera di rimpianti di Enrico Berlinguer, dove mai si parla di rinnovamento, ma spesso si discute di restaurazione. Che credibilità possono avere quindi posizioni di questo tipo? Nessuna. E vi dirò anche: è ancora più triste sentire rinnovatori come Jean-Luc Mélenchon dire di voler imparare, e i fannulloni della sinistra italiana combattersi tra loro su chi sia più simile a Gramsci. Funzionalmente non frega nulla agli elettori, ma non lo vogliono capire. Succubi di un simbolismo estinto, osservano da un colle distante il Mostro, ma si prendono a bastonate su chi si ritenga in grado di conoscerlo meglio. E non lo conoscono. È questo il problema: non è sano intellettualismo, ma saccenza andata a vuoto. Gli incapaci della sinistra italiana vanno avanti nelle loro processioni con bandiere rosse e canzoni partigiane, come se fossero protagonisti di un videogame. Non c'è il nesso politica-popolo (e quello manca ormai dappertutto), ma non c'è nemmeno il nesso politici-realtà, e mi spaventa non poco. Ascoltare la sinistra italiana dire di creare fronti da Macron a Tsipras per fronteggiare *quelli lì*, i barbari, i malvagi, i cattivi, vuol dire non aver capito nulla di quello che sta succedendo.

Il fascismo è figlio del neoliberismo

Il nazionalismo reazionario è pericoloso per il popolo e per la patria allo stesso modo in cui lo è la dittatura degli speculatori. C'è chi, come Renzusconi, è perfettamente integrato all'interno del Mostro, c'è chi come Grasso e Boldrini finge di non vederlo. C'è chi come i Fratoianni lo vede e non fa nulla. C'è chi lo vede e vuole combatterlo, come Marco Rizzo, ma proponendo soluzioni sbagliate e autoritarie (in questo caso lo stalinismo).

La classe politica italiana è fallita e chi doveva aprire il Parlamento come una scatoletta di tonno lo ha fatto per poi chiudersi nella scatoletta stessa. Se i compagni greci, portoghesi, spagnoli e catalani volessero impadronirsi nuovamente del loro futuro, non resta a loro che riconoscere il nemico bifronte senza esitazioni. L'aznarismo e il renzusconismo vanno dunque combattuti giorno per giorno, città per città, regione per regione, nazione per nazione fino a quando il viola, il giallo e il rosso saranno affiancati dalla luminosità del nostro tricolore.

Ne *È l'Economia che cambia il mondo* del prof. Yanis Varoufakis, grande manifesto contro il liberismo economico, viene riportata una, a mio parere bellissima, storia sulla forza dell'ottimismo e sulla potenza malefica del pessimismo. Essa fu ideata dal filosofo Jean-Jacques Rousseau, riporto dunque le parole di Varoufakis:

Immagina un gruppo di cacciatori nella giungla amazzonica o in Africa. Armati solo di reti, archi e frecce, organizzano una battuta per catturare un grosso cervo, che intendono poi portare nel loro accampamento per mangiarlo e festeggiare tutti insieme. Vedono il cervo in una radura e decidono di avvicinarsi, in silenzio, per non spaventarlo. L'obiettivo dei cacciatori è creare intorno all'animale un cerchio con le reti, che ognuno di loro tiene in mano, e farlo cadere in trappola. Quindi, avendolo immobilizzato, ucciderlo con le frecce, che sarebbero armi troppo deboli per abbattere da lontano una creatura così impetuosa e forte. Il problema è che questa "operazione" occuperà l'intera giornata e, se al tramonto i cacciatori non saranno riusciti a catturare il cervo, si ritroveranno affamati, loro e le loro famiglie. Sanno, poi, che potrebbero fallire se anche solo uno dei cacciatori esitasse oppure si distraesse e lasciasse scappare l'animale dalla sua parte del cerchio – ossia sanno che basta un anello debole nella catena per mandare a monte il lavoro di tutto il gruppo, che a quel punto verrebbe condannato alla fame. Infine, in quella stessa zona, ci sono diverse lepri che scorrazzano qua e là. Le lepri, con un po' di pratica, si possono colpire con le frecce. Ma se anche solo un cacciatore si dedicasse alla caccia alla lepre, l'accerchiamento del cervo fallirebbe. E se questo singolo cacciatore catturasse la sua lepre, gli altri soffrirebbero comunque la fame, dato che una lepre non basta per tutto il gruppo

> *"Ecco, quindi, il dilemma dei cacciatori. Vorrebbero catturare il cervo operando tutti in gruppo, fare una bella cena con musica e balli e poi andare a dormire sazi e felici. Se ognuno di loro fosse sicuro che anche gli altri rimanessero fedeli alla caccia al cervo, non cederebbe. Ma nel caso opposto, se alcuni cacciatori temessero che altri loro colleghi si ritirassero, si farebbero prendere dal pessimismo (riguardo alla possibilità di catturare il cervo) e quindi sceglierebbero di cacciare ognuno per conto suo solo...lepri. Anche per non tornare all'accampamento a mani vuote. Ma ciò condannerebbe tutto il gruppo a non avere nessuna chance di catturare il cervo, che invece li sfamerebbe tutti."*

Varoufakis, vicino a posizioni post-keynesiane, auspicabili all'interno di un modello bioregionale, vuole spiegare con questa parabola di Rousseau che il risultato collettivo non di rado è connesso all'ottimismo del sistema gruppo.

Il mondo progressista italiano è dunque tenuto a mettere da parte la propria lagna vittimistica e i propri flirt nei confronti del Mostro Bifronte. Vi è la possibilità di riconquistare il popolo con un lavoro collettivo e con un linguaggio radicalmente nuovo. Ma bisogna che *tutti*, come i cacciatori di Rousseau e Varoufakis, siano determinati ad andare fino in fondo.

L'ottimismo e il pessimismo possono influenzare esiti decisivi: solo unite dall'ottimismo le forze panmediterranee riuscirebbero a riprendersi la nostra economia, la nostra democrazia, la nostra speranza e la nostra dignità. Yanis Varoufakis, oggi molto critico (in parte giustamente) verso gli ex alleati di Syriza, parla di come nascano i miti economici del nostro tempo, primo tra tutti quello secondo cui il settore statale (che in un mio potenziale programma diventerebbe regionale) sia parassitario dell'attività dei privati. Quante volte, egli pone la domanda, qualcuno di voi lettori ha sentito frasi come *lasciamo lavorare i privati*?

È uno dei più grandi paradossi dell'economia moderna: i potenti si scagliano contro un potere, statale e pubblico, che permette a loro di essere potenti. I potenti, speculatori e banchieri, vogliono essere salvati dallo Stato nel caso di bisogno, ossia esigono l'intervento della società in cui vivono. Varoufakis mette a nudo, però, anche la vigliaccheria dei potenti stessi, poiché in momenti di tranquillità economica sono i primi a non sentirsi in dovere di nulla nei confronti della società. Il *paradosso di Varoufakis* è che i banchieri necessitano dello Stato e del debito pubblico, salvo non voler pagare il primo e sbraitare contro il secondo. L'idea che il potere pubblico, statale e nel mio caso regionale, sia un danno alla libera iniziativa economica è un capovolgimento totale della realtà. Le banche sono parassitarie per eccellenza e il potere statale viene non di rado usato dai banchieri per arricchirsi sempre di più a spese degli strati più bassi della popolazione. La realtà non è come viene raccontata dai media neo-liberal mainstream, in quanto questi ultimi rispondono direttamente al potere dell'establishment finanziario. Lo si è visto nelle campagne elettorali di leader importanti della sinistra contemporanea: l'ostracismo che ha colpito Tulsi Gabbard e Bernie Sanders per non rispondere ai canoni della tradizionale american left. I media con grande violenza verbale prendono di mira coloro che vengono visti pericolosi nei confronti della libera iniziativa privata. Costoro che odiano tutto ciò che è pubblico lo fanno, però, perché si sentono protetti. Nel momento in cui non si sentono più sicuri ecco che il *paradosso di Varoufakis* ripiomba improvvisamente.

Le forze nazional-reazionarie e neofasciste sono frutto anche di questo paradosso: nei momenti in cui il potere dominante è in crisi, prova ad insediarsi con metodi diversamente democratici e con politiche...stataliste e dirigiste. Ecco dunque che lo Stato, tanto odiato dal punto di vista liberal-borghese, diventa amato strumento dell'alta borghesia. Che in questo caso, per giustificare questo paradosso (che in qualche caso andrà giustificato), inietta il morbo reazionario nella classe media. Alla classe media e alla piccola borghesia viene fatto credere di avere interessi contrari ai diritti del proletariato e del sottoproletariato. Ma non è così: gli interessi della piccola borghesia proletarizzata sono più simili a quelli del proletariato e del sottoproletariato che ai poteri finanziari e bancari. Fare il lavaggio del cervello alla sotto-borghesia per mantenere lo status quo contro i lavoratori e gli imprenditori patrioti è l'essenza dello sguardo malefico del Mostro Bifronte. Lo stadio di sviluppo dell'economia di mercato ha raggiunto dei gradi talmente superiori al capitalismo descritto dalla filosofia marxista, che nemmeno, a mio parere, si può parlare più di *capitalismo* in senso tradizionale. Ormai posso tranquillamente parlare di società fondata sul *neo-capitalismo*, sul *post-capitalismo* e sul *capitalismo liquido*. Se questo passaggio non fosse mai accaduto, si potrebbe ancora oggi mobilitare le masse solo in nome di una lotta di classe. Ma non è più sufficiente, non è più nemmeno rispecchiante la realtà in cui viviamo. Le mobilitazioni di oggi devono essere necessariamente l'unione di più rivendicazioni, che portino ad un'armonizzazione tra più ceti sociali dominati (*costruzione di una catena equivalenziale a partire da bisogni frammentari*)

Varoufakis mette in luce l'ipocrisia dell'oligarchia bancaria contemporanea, ma, è importante sottolinearlo, propone una soluzione europeista (ma antiliberista) e non panmediterranea. Reputo quest'ultimo un grande economista, uno dei pochi argini all'anti-keynesismo imperante, ma apparteniamo a due culture politiche progressiste differenti. Si può dire che Varoufakis abbia paura che una rinascita econazionale possa essere confusa con lo sciovinismo reazionario, quando in realtà si trova su un fronte diametralmente opposto.

Ciò che accomuna tre linee diverse come quelle di Jean-Luc Mélenchon, Yanis Varoufakis e Murray Bookchin è l'*umanesimo* come pilastro portante del progressismo contemporaneo. Nei primi due casi questo non stupisce più di tanto, nel terzo si può ribadire come la dignità del mondo naturale e il rifiuto del dominio non siano un rifiuto dell'intelletto della creatura umana.

L'uomo non nasce intrinsecamente malvagio, come il patriarcato non è mai stato onnipresente nella vita degli umani. La natura non è mai stata in dovere di essere succube della mania di distruzione antropocentrica.

"La natura, in quanto vita, si nutre ad ogni pasto, soccorre ogni nuovo nato, cresce insieme ad ogni bambino, aiuta ogni mano che lancia un'asta o che raccoglie un frutto, si scalda al fuoco tra le ombre danzanti e siede nei consigli della comunità proprio come lo stormire delle foglie e il frusciare dell'erba è parte dell'aria stessa e non solo un suono portato dal vento. Le cerimonie ecologiche

sanciscono la "cittadinanza" della natura in quanto parte dell'ambiente umano (...) Ma la natura non è solo un habitat, è un elemento compartecipe che consiglia la comunità con i suoi presagi, la protegge mimetizzandola, le lascia messaggi rivelatori tramite rametti spezzati o orme, le bisbiglia ammonimenti con la voce del vento, la nutre con una profusione di vegetali e di animali, e per tali innumeri funzioni essa è tutta dentro il nesso comunitario di diritti e doveri."

(Murray Bookchin, L'Ecologia della Libertà)

Occorre che la natura e la comunità spezzino, in nome del socialismo, le trame losche del Mostro Bifronte, e ricreino le condizioni della società organica. Occorre essere in tempo per salvare la terra da cui otteniamo vita e prosperità

Con il popolo, per il popolo

Da Potere al Popolo a Fassina: viaggio nella sinistra anti-austerity italiana

Quali sono dunque le frattaglie della sinistra radicale italiana e perché non prendono voti? Vedremo che questa debolezza elettorale ha due ragioni: la *ragione strategica* e la *ragione ideologica*

Neanche troppi anni fa pareva che il mondo della sinistra radicale italiana stesse ricominciando a sognare. Era un sogno, destinato a fallire rapidamente, ma che comunque era a riuscito a mobilitare una grande parte del mondo progressista. Era nata l'*Altra Europa Con Tsipras*, con un chiaro nemico: l'austerità. In quel momento il Partito Democratico si fregiava delle sue gloriose percentuali, ma si trattava dell'apice prima del declino. Per quanto riguarda le ragioni della disfatta progressiva di questo esperimento, non vi è neanche troppo da ragionarci sopra: ha fallito dopo il *golpe europeo* contro l'uomo di cui portava il nome.

Ma lasciando stare questo esperimento nel suo piccolo, che comunque a tali europee era riuscito a rimediare una manciata di voti, le ragioni per cui le varie Rivoluzione Civile e Potere Al Popolo abbiano fallito è da riscontrare in cause molto più profonde.

Partiamo dunque da uno schema molto semplice: immaginiamo di dividere la sinistra antagonista italiana in due grandi gruppi; si può facilmente distinguere la presenza di una *sinistra berlingueriana/nostalgica* e una *sinistra autoritaria.*

La prima, che oggi è rappresentata da *Potere Al Popolo,* ha diverse ottime idee, esponenti motivati e non si vergogna di porre critiche alla sinistra liberal-borghese. Eppure non guadagna tanti voti. Ma adesso, facciamo finta che ne guadagni. Cari lettori, fate uno sforzo di immaginazione: mettete caso che ora Potere al Popolo guadagni dei voti; tanti voti e chiedetevi, da chi?

Da astensionisti? Dal Partito Democratico? Dal Movimento 5 Stelle?

Assolutamente no

Questo non accadrà mai

Se vi concentrate, vi accorgerete che una lista di questo tipo potrà essere accolta con entusiasmo da ex elettori di Ferrando, di Rifondazione, di Ingroia. Da *nessun altro.*

È un *travaso di voti*

Non è possibile agire in questa maniera, fondando una sigla che poi sarà immediatamente spedita nel mercato del cannibalismo tra partitini berlingueriani. Non voglio questo, *non vi è il bisogno di questo*

Servirebbero i voti dei grillini, i voti degli astensionisti. I voti di coloro che non vogliono votare un partito di sinistra che si richiami alla solita simbologia tradizionale, al solito linguaggio (E che magari sono di sinistra senza saperlo). Non mi interessa costruirmi la mia bolla, tra visioni di Gramsci in stato di trance, con i vecchi intenditori ed i vecchi nomi di quel mondo. Non voglio essere considerato una versione "estrema" del PD e di LEU, voglio essere considerato elettore di una *nuova proposta politica.* E Marcuse mi autorizzerebbe a continuare a sognare. Non mi interessa l'unità delle sinistre per fermare Salvini e Toti. Io sono prima populista, e solo dopo di sinistra in senso novecentesco.

Ogni volta che sorge un LEU, una Rifondazione, un partito mezzo comunista, ¼ comunista, veramente rosso, con la stella rossa, con Bella Ciao, con Berlinguer che esce dalla tomba col pugno alzato, schiere di appassionati del loro *brand* preferito si recano orgogliosamente alle urne, prendono il 2% se va bene, lo zero virgola se va male. Costoro poi si dicono puristi, seguaci perfetti della loro dottrina, chiusi a qualsiasi innovazione, invidiosi della creatura distorta di Grillo e Casaleggio. Si riuniscono in gruppo a piangere i vecchi ricordi del PCI, lanciando la lotta di classe contro i borghesi per poi combattersi in un'arena esclusivamente tra loro. Come collezionisti di francobolli, si prendono a bastonate su chi sappia interpretare meglio *il Capitale* per poi farsi bastonare alle urne. L'elettore *gauchiste* dei 5 Stelle, magari anche d'accordo con le proposte, non li vota perché imbarazzato si chiede se a costoro non sia ancora giunta notizia della caduta del muro. L'opinione pubblica purtroppo li tratta (come faccio a darle torto) come dei pagliacci, usando frasi come *scissione dell'atomo* e *partitino dello zero virgola*. Alimentando questo circolo vizioso, tirano fuori il loro repertorio sovietico, ammirano Errejón senza probabilmente nemmeno sapere chi è, nuotando nella vernice rossa ed annegando libidinosamente nella stessa. Vivendo tra le nuvole, le varie anime della sinistra radicale italiana sono di una sterilità spaventosa, incapaci di integrare nulla che sfugga ai parametri dell'ortodossia.

Un partito di sinistra radicale vincente non ha bisogno nemmeno di dichiararsi di sinistra

Quando Podemos ha intrapreso la svolta governista, ad esempio, ha perso dei voti perché ha esplicitato la sua identità "di sinistra". È come se Podemos, da Movimento 5 Stelle di sinistra, sia stato folgorato dalla dottrina LEU. Ed ha sbagliato, ma c'è da dire anche una cosa: Podemos ha intrapreso una svolta governista molto meno clamorosa della creatura gialla. Podemos sicuramente si è ammorbidito, ma questa seconda ha rinnegato tutti i propri valori.

Il motivo strategico, quello del voto utile, è dunque strettamente connesso a quello ideologico, che priva queste forze di abbastanza credibilità. La vernice rossa va quindi il prima possibile messa da parte. Democrazia, popolo, sovranità ed ecologia devono riprendere il posto che li spetta. L'errejonismo delle origini è forse la versione veramente matura e radicalmente progressista del grillismo. Il grillismo prima o poi qui in Italia morirà, per cui occorre essere pronti per agire.

Nessuna delle forze della sinistra berlingueriana ha sposato le teorie bookchiniane del dominio dell'uomo sulla natura. Queste formazioni sono completamente sottomesse alla retorica hegeliana anti-naturalistica, tra eticismo e materialismo. Il materialismo bookchiniano non è quello di Civati e Brignone. È l'idea che la società organica, da vivente ed esistente nel mondo materiale, possa avere una sua dignità. La sinistra berlingueriana non è capace di avere un approccio realmente radicale in Italia alle tematiche ambientali, relegando l'ecologismo ad una questione secondaria. Patria e mondo naturale soffrono come un tutt'uno, insieme a lavoratori e piccoli imprenditori, insieme ai discriminati e agli sfruttati, tra le grida dei dimenticati. Gli esponenti di questo mondo rosso tradizionalista sono più affezionati al poster di Castro posto nelle loro sedi che alla democrazia radicale e al popolo stesso.

Ma non c'è maggior ideologia più affascinante del popolo

Se accadrà la rinascita econazionale dei popoli mediterranei, e questi collezionisti di francobolli vorranno saltare sul carro dell'ascesa, per me saranno i benvenuti. Per ora provo dispiacere ad osservare quest'idra che si mangia da solo. In un mondo di ideologie finalizzate solo a se stesse, il popolo italiano, quello greco, quello spagnolo e quello catalano non riusciranno mai ad alzare la testa. Le ideologie sono finalizzate al popolo e sono inscindibili dal popolo.

I reazionari oggi si fregiano del titolo di difensori del popolo, per poter avallare delle politiche impopolari. Occorre riprendere l'*egemonia*, riuscendo ad uscire dal circolo vizioso degli appassionati della tradizione. Servirebbe prendere il socialismo, rinnovarlo, ricolorarlo, cambiare le ricette radicalmente. Non rivendicare purezza ma distanza. Non reclamare la fedeltà all'originale, ma il distacco più completo dall'originale. Solo in questo modo si riuscirebbe a radicalizzare la democrazia e a dare voce a colui che ne è privo. Basta vittimismo, basta lagne sull'abolizione del suffragio, basta schifare gli *ignoranti* pretendendo di essere votati da loro. Il modo migliore per sconfiggere un reazionario è mandare in crisi le sue idee e portarlo dalla tua parte. È avere in mano l'*egemonia* ideologica, è far saltare la propaganda reazionaria con un linguaggio politicamente scorretto, che afferma delle verità come lame. Questo non deve essere un invito alla riduzione del linguaggio al grossolano insulto, ma un'esortazione ad abbracciare comunque la retorica *per il popolo*.

Qui in Italia nessuno lo ha fatto, e nessuno ha almeno tentato di farlo in modo distante dagli stereotipi del socialismo reale, generatore di miseria e distruttore della democrazia.

Trattiamo ora di un'altra forma di sinistra radicale che ha provato ad affermarsi in modo diverso da quella di Cremaschi e di Rizzo: *Patria e Costituzione*.

L'esperimento si può dire decisamente più interessante in questo caso per il tentativo convinto di unire nazionalismo, socialismo e populismo. Ma è molto carente sotto altri punti di vista. Prima di tutto per il fondatore Fassina: dopo anni di peregrinazioni tra Renzi, Letta e Bersani, diventare da socialdemocratico a populista nel giro di poco tempo mi sembra un po' poco credibile. Questo *rebranding* mi sembra poi insoddisfacente per la linea troppo morbida tenuta nei confronti del Governo Conte II, tutt'altro che populista. Inoltre, vi sono sempre le solite liturgie anti-autonomiste, sterilmente gramsciane (Che poi scusate: non sono gli stessi che hanno invitato il filo-catalano Errejón a Frattocchie?). Insomma, una serie di tanti motivi che, seppur sicuramente i buoni propositi, non mi farebbero votare questa formazione con il sorriso sulle labbra. Piuttosto che proporre una versione radicalmente progressista del grillismo ho quella sensazione che Fassina voglia semplicemente imitare il grillismo stesso. Mentre per me il Movimento 5 Stelle, seppur la mia stima nei confronti di Roberto Fico, rimane sempre un partito di sistema, Fassina crede (o finge di credere) ancora nel sogno pentastellato.

La creazione del nostro *Mélenchon wannabe*, chissà, magari avrà un po' di successo quando si farà conoscere meglio. Io non la reputo un'alternativa di rottura davvero radicale con la politica tradizionale, proprio perché, diversamente da buona parte degli opinionisti anti-sistema italiani, reputo i 5 Stelle, a loro modo, un partito di sistema (mentre Fassina qualche volta li elogia).

Brevi approfondimenti sullo stalinismo rizziano

Abbiamo analizzato la situazione della sinistra neo-berlingue-riana, dunque ora tocca analizzare la sua controparte autoritaria e neo-stalinista, incarnata da un uomo sicuramente intelligente ma sostenitore di un'ideologia liberticida: Marco Rizzo.

Marco Rizzo è uno dei politici sicuramente più bravi ad utilizza-re la lingua italiana: parla bene, non è un Razzi, né un Di Maio. La lucidità rizziana mette alla berlina senza scrupoli la sinistra borghe-se, lottiana e renziana. Ma lo fa volendo optare per il progetto op-posto rispetto al mio. Nell'immaginario rizziano, infatti, la sinistra eurocomunista e neo-berlingueriana è colpevole non di utilizzare i simboli della tradizione (come io sostengo), ma di utilizzarli troppo poco. È un progetto di chiara restaurazione che pone a Josif Stalin il titolo di combattente del revisionismo. Si può dire che la retorica rizziana sia equivalente a quella di Scuderi, ma integrata all'interno del sistema parlamentare. Mentre i seguaci, a mio parere toccanti concezioni al limite del nazimaoismo, di Scuderi rifiutano qualsiasi forma di "democrazia borghese", non partecipano al voto e riven-dicano la dittatura del proletariato senza peli sulla lingua; Rizzo è semplicemente un deluso del riformismo folgorato dalla magnifi-cenza dei baffi di Stalin.

Rizzo è politicamente scorretto e questo mi va bene, ma è in-consapevole della pericolosità insita in concezioni autocratiche del socialismo. Egli, rifiutando sempre l'etichetta di stalinista, si ritiene sostenitore italiano dell'ortodossia marxista leninista. Ortodossia per la quale Stalin ha fatto soffocare nel sangue la rivoluzione anar-chica catalana. Ortodossia che trascina con sé alcuni miti come l'e-tica del duro lavoro e l'operaismo, che in epoca sovietica significa-vano obbedienza cieca ai capi e alla burocrazia, sottomissione alla macchina del partito (la controparte rossa della macchina del dena-ro). Fastidiosa è poi la convinzione rizziana che l'ecologismo posto al di fuori del socialismo reale sia una farsa irrealizzabile, come se i paesi del comunismo filo-sovietico fossero stati delle oasi verdi e rigogliose. A mio parere non è molto utile invocare una sorta di *ecostalinismo* per mettere in ridicolo le colpe del liberalismo verde, che ribadisco: sono comunque immense. L'antiambientalismo liberal è sicuramente una forma di dominio dell'uomo sull'ambiente, ma anche lo stalinismo è figlio del dominio, per cui è impensabile risolvere il problema ecologico con questa dottrina. Tzvetan Todorov è forse uno dei migliori a mettere in luce la brutale macchina di repressione del socialismo reale, figlio della cultura del dominio e della sottomissione.

"Nello stesso tempo, e in maniera ancora più netta, il progetto comunista si oppone allo spirito che domina la società del suo tempo. Essa è segnata da numerose componenti che provengono dal passato, alcune addirittura come sopravvivenze dell'Ancien régime; ma il suo orientamento complessivo, guidato dalla rivoluzione industriale e dall'espansione del commercio, è liberale. Ciò significa, tra l'altro, che il posto della religione si riduce ogni giorno di più e, di conseguenza, la società tende a perdere ogni rapporto con una qualunque forma di assoluto. Il liberalismo incoraggia la realizzazione personale, senza proporre alcun nuovo ideale comune, come se lo sviluppo folgorante della tecnologia e l'accumulo di ricchezze fossero sufficienti a dissimulare la scomparsa della religione. Il messianismo comunista finirà per occupare questo vuoto e incarnerà a sua volta l'assoluto, con l'ulteriore vantaggio di annunciarne il prossimo trionfo!"

(Tzvetan Todorov, I Nemici intimi della Democrazia)

Todorov mette a nudo le vergogne del capitalismo burocratico, che sotto il nome del Maoismo, del Dengismo, del Juche e dello Stalinsmo ha portato alla miseria, alla carestia, al disprezzo dei valori democratici e dei diritti umani. Rizzo, d'altra parte, parlando di Juche, è un politico che più volte ha difeso la Nordcorea come baluardo contro l'imperialismo yankee. Stiamo discutendo di un paradiso socialista dove i capi supremi sono considerati di origine divina, si trasmettono le cariche da padre in figlio e dove i sudditi-schiavi sono costretti ad osservare con occhi lucidi tal inferno terrestre per poi chiamarlo "paradiso". La persecuzione totale che viene gettata nel paese da questa ideologia malvagia e distorta non sarà mai la soluzione alle nefandezze del neoliberismo. La famiglia Kim, forte delle sue insegne totalitarie, fa morire di stenti il proprio popolo e costruisce campi di prigionia che portano alla reclusione del condannato e della sua prole per tre generazioni.

Occorre non combattere l'oppressione con l'oppressione, sostenere il ripudio dello stalinismo e della sua natura controrivoluzionaria e reputare intollerabile provare simpatie verso queste figure, ai fini della rinascita econazionale panmediterrenea. Nessun fascismo rosso, oltre che nero e giallo/bancario dovrebbe varcare la libertà e la dignità del popolo italiano, di quello greco, di quello spagnolo e di quello catalano.

Dalla parte del popolo, non della burocrazia

Per cui, cari lettori, vi invito a stare in guardia nei confronti di concezioni oppressive, totalitarie, stataliste e statocentriche del socialismo.

Viva la radicalizzazione della democrazia

L'inutilità dei Verdi Italiani e l'inefficienza del liberalismo verde

Avete presente coloro che propongono di combattere l'evasione a suon di condoni? Non sono poi tanto diversi dagli ecologisti pro-economia di mercato. Questi partiti *ecolib* fioriscono costantemente, sulla scia dell'europeismo verde, credendo di poter distinguere la sfera sociale da quella ambientale. È pura follia.

L'ecologia è sociale o non è ecologia
Il socialismo è ecologismo, altrimenti è industrialismo rosso

La superficialità dei partiti ecolib è assolutamente allarmante, i loro fini incerti, la loro volontà fiacca, le loro ricette insufficienti. Bisogna approfittare della rinnovata sensibilità ambientale, innescata da movimenti come *Fridays For Future*, per lanciare una proposta radicale sullo scenario verde. Bisogna far convergere l'interesse del misero con l'interesse della terra. Ricreando le condizioni di una società organica, la macchina dello sviluppismo a tutti i costi finirà per incepparsi e crollare. L'idea dello sviluppo malato, costantemente lineare e sempre positivo plasma un'architettura mentale velenosa e distorta. All'interno della società organica i miti del libero mercato sono carta straccia e la retorica compulsivamente sviluppistica finirà in una bara fianco a quella della falce rossa. Il potere popolare ed ecologico, nazionalista ed internazionalista, mediterraneo ed universale, democratico e populista, assembleare e parlamentare, pluralista e solido, metterà in crisi i monopoli delle ecomafie che infangano i nostri fiumi e i nostri campi. Non c'è spazio per liquami da Creta a Lisbona, da Barcellona a Siracusa. Solo un'unione capace di creare un fronte democratico potrebbe difendere le nostre terre dal vorace cancro dello sviluppismo a tutti i costi.

"La spontaneità entra nell'ecologia sociale allo stesso modo in cui entra nell'ecologia naturale: come funzione della diversità e della complessità"

(Murray Bookchin)

Murray Bookchin pone l'enfasi sui concetti di *diversità* e di *complessità* contenuti all'interno dell'ideale società ecologica. In un momento storico in cui il panorama politico viene visto nero o bianco, cupo o luminoso e la semplificazione restringe la visuale del cittadino in modo drammatico, credo sia bene sottolineare anche questi concetti. Le destre europee, in particolare, fanno proprio fatica a metabolizzare i concetti di diversità e di complessità nell'affrontare i problemi quotidiani, e, come le oligarchie di estremo centro non li risolvono volontariamente, i rigurgiti reazionari li peggiorano pure con le stolte loro bravate. Entrambi sono egualmente incapaci nell'affrontare il degrado sociale e la catastrofe ambientale. Inoltre, non sono nemmeno capaci di comprendere una serie di fenomeni geopolitici di cui loro stessi sono causa e motore.

La rinascita econazionale dei popoli mediterranei deve riuscire a radicalizzare e trasformare tutte quelle inefficienti forze *ecolib* (che Bookchin chiama ecocapitaliste), che svolgono il loro lavoro lasciandolo incompiuto e che, nello scenario germanico, sono diversamente restie ad allearsi con stantie forze cristiano-sociali ed anti-mediterranee.

Tra le più inefficienti forze verdi in tutta Europa ci sono, sia in termini di posizioni che in quelle di consensi, quelli italiani. Nonostante abbiano preso una via economica più di sinistra, alleandosi con Possibile, dopo numerosi tentativi di flirt con Italia in Comune (che li ha scaricati per il liberismo europeista), hanno ancora posizioni molto deludenti sotto diversi punti di vista.

Gli *UNICI* Verdi d'Europa contro le autonomie sono quelli italiani: tutto ciò è deprimente alquanto. Considerate il fatto che i Greens formano un gruppo in Parlamento UE insieme all'Alleanza Libera Europea, per cui l'anomalia italiana è assolutamente frustrante. Ma finché non nascerà un'Italia Indomita, i propositi di reale radicalizzazione democratica non saranno mai completamente soddisfatti.

Mi ha fatto piacere vedere comunque dai Greens un no alla Commissione Ursula, cosa che non mi aspettavo per nulla. Questo, almeno in Europa, ha consentito loro di mantenere una certa dignità, senza dare in modo acritico il proprio voto alla candidata delle élites. E non è poco, considerato il grande tradimento da parte dei grillini, ossia coloro che vengono da noi considerati spesso i veri ecologisti.

Il grande morbo dello statalismo centralista italiano colpisce ancora, dunque, non solo il socialismo ma pure la tradizione ecologista del paese. L'odio contro le autonomie, il rifiuto della volontà regionale di autodeterminazione ormai si estende a tutti i partiti sedicenti di sinistra. La guarigione dal centralismo è quel passo che aspetto da tempo dalla sinistra italiana, perché riesca a dimostrare una maggiore maturità.

TAV: la madre di tutte le battaglie

La cecità del liberalismo verde qui in Italia raggiunge il culmine quando si cita la madre di tutte le battaglie: il TAV Torino-Lione. Oppure *La* TAV, in quanto i suoi sostenitori inseriscono spesso l'articolo femminile per porre l'accento sulla sgangherata maestosità dell'opera. Per la verità, anche io preferisco utilizzare l'articolo femminile, ma per evidenziare la più totale inutilità di questa ferraglia ecocida.

Regina incontrastata delle opere inutili, è oggi sostenuta da quasi tutte le forze politiche da destra a sinistra. La Federazione Dei Verdi si oppone all'opera, ma poi fa accordi coi fondamentalisti pro-TAV del Partito Democratico. Il Movimento 5 Stelle, vota contro una mozione pro-TAV subito dopo aver approvato un decreto che penalizza i manifestanti valsusini. Tutti ipocriti con il sorriso sulle labbra.

Emblema dello sviluppismo inutile, il TAV Torino-Lione incarna perfettamente tutti i mali del capitalismo ecocida contemporaneo. Dunque l'idea dello sviluppo cumulativa, antropocentrica, distruttiva, finalizzata al profitto, alla rapidità degli scambi e al dominio dell'uomo sulla natura.

La TAV va fatta e bisogna farla, e si farà
(solito fanatico pro TAV)
Ci taglieranno fuori dall'Europaaaa!

(elettore medio di +Europa quando qualcuno si schiera contro l'inutile buco,
dimostrando scarse conoscenze geografiche)

Questa voglia di bucare montagne random, per arricchire affaristi e speculatori, si combina poi con un europeismo insalubre ed insensato. *Ce lo chiede l'Europa! Non possiamo rimanere fuori! Sì al progresso!* sono slogan da quattro soldi che sicuramente vi sarà capitato di sentire. Lo *Sviluppinesimo*, ovvero la religione laica del Dio Denaro, incorona gli artigiani dell'oppressione come principi del progresso. I sacerdoti di Chiamparino bollano tutti gli oppositori del *Nulla Fatto Treno* come pericolosi teppisti sovversivi, nemici della legge da schiacciare ad ogni costo, come se la Val di Susa fosse abitata esclusivamente da Black Bloc. La religione dello sviluppo è manichea: da una parte vi sono i salvatori del progresso, benedetti dal Renzusconismo, i giusti, i democratici; dall'altra vi è un popolo militarizzato fatto solo di teppisti cattivoni, figli di papà, che non hanno capito nulla nella vita.

"Il pensiero unico ha sempre ammesso, sul tema, soltanto la posizione Sì TAV: il No è una bestemmia, un sinonimo – se non di eversione – almeno di ignoranza, di "decrescita", di scarsa propensione al progresso e alla scienza. E pazienza se i maggiori esperti indipendenti di infratstrutture – dal sito lavoce.info al think thank de Il Mulino, fino

In questo frammento, il giornalista Marco Travaglio, persona sotto diversi punti di vista stimabile, ma molto distante dalle mie posizioni socialiste, ha espresso chiaramente la forza dell'ostracismo con la quale i media marchiano a vita gli eterodossi rispetto ai sacri dettami dello Sviluppinesimo ecocida.

Quando personaggi come Costanza Hermanin parlano di ecologismo non populista e di liberalismo verde, Bookchin si gira nella tomba grattandosi la barba. Ma è soprattutto quella della riduzione delle emissioni ad essere la più grande fandonia mai partorita da questi sacerdoti dello sviluppo, mentre preparano le loro messe laiche. Vi è questa fastidiosa convinzione che, siccome il treno in linea di massima permette di ridurre le emissioni, allora il TAV è un'opera salvifica ed ecologica. È stato dimostrato che, con tutto l'inquinamento di camion, ruspe e costruzione dell'impianto di raffreddamento, una prima riduzione delle emissioni avverrebbe matematicamente solo dal 2040 per saldare le emissioni in negativo. Che è come dire: distruggiamo tutto, che tanto tutto si risistema da sé. Che poi, scusate, questa cosa dell'essere tagliati fuori dall'Europa sta iniziando a stancarmi: esiste già la linea ferroviaria internazionale che utilizza il tunnel del Fréjus, una ferrovia sottoutilizzata, che potrebbe trasportare le sacre merci coccolate dal partito unico del Nulla.

Non trascurabili poi sono i rischi per la salute, ossia un aumento percentuale dell'incidenza di asma, bronchiti, enfisema e altre problematiche che si abbatterebbero sulla popolazione, per concentrazioni di particolato pericolose, con sostanze tutt'altro che salubri. Da un punto di vista medico, ecologico ed economico non sono ancora riuscito a trovare un vantaggio contenuto nel progetto della sacra ferraglia, né un motivo valido dai sostenitori che sia argomentato da farsi diverse da *viva il progresso, l'Europa, gli affari*

Ma soprattutto, occorre dare delle informazioni chiare agli abitanti di quella zona, invece di trattarli come gli ultimi scemi, i quali devono passivamente chinare il capo ad un triplice disastro: ecologico, per la salute e per le casse dello Stato.

"Quando viene avviato un processo decisionale che interessi l'ambiente, il pubblico interessato deve essere informato a tempo debito per partecipare attivamente al processo decisionale."

(Convenzione di Aarhus del 25 giugno 1988)

Lo Sviluppinesimo, come ogni religione che si rispetti, ha un proprio clero, una propria serie di riti e di cerimonie, un numero elevato di dogmi a cui obbedire nel nome dell'europeismo smisurato e finalizzato al Nulla. Tra i più famosi seguaci dello sviluppinesimo vi sono i due mattei: Renzi e il Felpa.

Tra i dogmi vi è quello della *linearità come progresso,* per cui il continuare a creare opere, per quanto inutili possano essere, appare e deve apparire esclusivamente una vittoria del mondo progressista nei confronti dei nuovi barbari. L'autolesionismo non è il comportamento dei Verdi nei confronti della Von Der Leyen, affermazione su Twitter di Carlo Calenda, ma l'atteggiamento della stampa mainstream che invoca soldi buttati nel nome del nulla. Viviamo in un mondo alla rovescia dove la ferraglia ecocida viene dichiarata un bisogno di prima necessità da persone vicine al pensiero di Emma Bonino. Quest'ultima poi sarebbe la prima a ritenere non necessarie spese come Quota 100, oppure a definire irrealizzabile l'eliminazione della retta sugli asili nido.

Per cui, cari lettori: non importa se qualcuno dei vostri nonni sarebbe andato in pensione a 95 anni con la Legge Fornero, non importa se la sanità e la scuola vengono saccheggiate e distrutte: i soldi si usano per e solo per la TAV, in nome della bibbia di madre UE e del sacro vangelo del libero scambio.

Un po' di tempo fa, districandomi nella massa di notizie che giungevano al momento della nascita del Governo Conte II, mi era capitato di imbattermi nelle dichiarazioni di Bonino e Della Vedova sui social, sulle priorità che avrebbe dovuto avere il governo nascente, governo di cui tra l'altro non hanno fatto parte. Sono rimasto profondamente rattristato dal fatto che si possa avere la faccia tosta di proporre come prima riforma auspicabile l'allungamento dell'età pensionabile. Ora, tralasciando il fatto che la Legge Fornero andava smontata completamente e non ritoccata, l'idea dellavedoviana del sistema pensionistico italiano si inserisce perfettamente all'interno della volontà di smantellare i diritti sociali. Negli stessi giorni il leghista Giorgetti aveva fatto dichiarazioni inaccettabili sul fatto che gli italiani "non andrebbero più dal medico di famiglia". Questa Italia è l'Italia che mi angoscia e mi riempie di paura, un paese che vuole privatizzare il sistema sanitario pubblico e che non vorrebbe mandare in pensione infermiere con la schiena spezzata, quando a malapena riusciranno a stare in piedi. Tutto ciò per risanare il debito pubblico: un paese che prende lo sfruttato, il sofferente, il disabile, l'ultimo e in nome dei conti pubblici e dei guadagni personali lo mette di fronte alla gogna sociale. La verità, cara Bonino, è che il pericolo per gli studenti non è mandare in pensione chi non ce la fa più, bensì l'aziendalizzazione della scuola italiana. L'alternanza scuola lavoro di cui ha espresso il rafforzamento è il reale pericolo, la reale vergogna di questo paese, la sincera infamia della gioventù del popolo italiano.

Questo che ho mostrato è il *paradosso dello sviluppinesimo*, ossia questa concezione che lo sviluppo in senso neo-liberista sia *benessere* per la popolazione, quando poi i sacerdoti del culto sono gli stessi che pongono gli ostacoli alla realizzazione dei provvedimenti che realmente condurrebbero al *benessere* stesso. E si giustificano in modo folle tirando in ballo il debito pubblico, le nuove generazioni, i mercati. All'interno di questa situazione paradossale, gli interessi dei banchieri, delle grandi multinazionali, delle ecomafie, vengono prima del volere e dei diritti dei popoli. Tutto ciò che è richiesto dai primi diventa sviluppo necessario ed insindacabile, tutto ciò che è richiesto dai secondi diventa invece il nemico dello sviluppo inteso come progresso e benessere. Costoro partoriscono poi parassiti reazionari che spingono la cerchia degli elettori progressisti a rivotarli per la *paura del fascismo*.

Non occorre votare per la paura, bisogna votare per la speranza

In questo teatrino sono loro a scegliere come opprimere i popoli e sono loro a generare coloro che devono fare opposizione. In Europa il PD e Orbán hanno votato insieme, tutti appassionatamente, con Forza Italia, i liberali, gli anti-abortisti polacchi e con il M5S. Tutti succubi al pensiero unico liberista, di estrema destra e di estremo centro, con la macchina del denaro che, sporca di sangue, è la prima a muoversi con metodi democratici o con metodi illiberali. Non esiste alcuno sviluppismo fine a se stesso, se non sterile propaganda volta ad arricchire i pochi e trascurare i molti.

Econazionalismo libertario VS Governo giallo-verde

Quando nacque il Governo tra Lega e Movimento 5 Stelle l'opposizione di sinistra lo definì il più destra della storia, mentre i berlusconiani lo definirono un governo con gente che si vantava di essere comunista. E come in tutte le esagerazioni c'è un minimo di verità: se da una parte su tematiche come l'immigrazione e i diritti civili, tal governo era sicuramente spostato a destra, con personaggi come i Fontana e i Pillon, dall'altra sono stati presi provvedimenti apprezzati da alcuni ceti popolari come Quota 100 e Reddito di Cittadinanza. Questo governo, con un premier offuscato dalla prepotenza dei vice, era terreno facile di litigi, con differenze in ambito economico evidenti anche a chi di politica non si interessava poi molto. Provare a coniugare proposte di salario minimo e di flat tax sarebbe come cercare di mescolare zucchero e pepe. L'opinione pubblica di destra e sinistra si accorse dei punti di debolezza di questa creatura, che di sovranista aveva proprio ben poco. Un ministro dell'Interno, che era in perenne campagna elettorale contro l'Europa, non aveva mai toccato il pareggio di bilancio in Costituzione, ma si fregiava del titolo di difensore del popolo italiano. Perché in fin dei conti l'importante, secondo questa prassi, è *mandarli a casa loro*, così che tanto basti per rivendicare amore per la sovranità. Peccato che il medesimo ministro non si sia mai fatto vivo sui tavoli europei, dove avrebbe realmente avuto il dovere ed il diritto di fare la voce grossa. Che poi qualcuno di voi, cari lettori, mi dovrebbe spiegare cosa ci sia di nazionalistico nello svendere il paese ad ogni forma di oligarchia putiniana e visegradina, come se fosse meglio dell'essere piegati ai servigi della Merkel. Un governo anti-ecologista, reazionario ed anti-libertario aveva preso forma con una cassa di risonanza orwelliana posta al Viminale. Il potere mediatico del ministro Salvini era a dir poco immenso, con un carisma veramente invidiabile dalle fiacche sinistre del panorama italiano. Un abilissimo comunicatore stava allargando i consensi in modo esponenziale, mentre la fragile creatura di Grillo e Casaleggio conosceva una delle più grandi crisi di identità che avessero mai colpito il mondo della politica. Da una parte vi era una porzione di tale governo che sapeva perfettamente chi era, cosa doveva fare e a quale cultura ispirarsi; dall'altra invece una forza che scimmiottava tutte le identità dello spettro politico, in procinto di non annegare disperatamente sotto l'onda dell'ingombrante alleato. Il potere mediatico salviniano pareva instaurare con l'elettore di destra radicale un rapporto quasi fraterno, confidenziale, colloquiale e tendente al rustico. Ed è attraverso questa forza propagandistica, che sapeva utilizzare i media in modo migliore degli alleati (che paradossalmente hanno fatto del digitale il loro cavallo di battaglia), che politiche impopolari potevano essere spacciate per provvedimenti a difesa del popolo. Salvini appariva come star, secondo i canoni dell'uomo forte italico, di una mascolinità abile nel parlare ma mai nell'agire. Durante il caso Carola Rackete, il livello dei media italiani aveva toccato il trash in modo spaventosamente imbarazzante: *il Capitano contro la Capitana* era a metà strada tra soap opera, thriller e remake di certi titoli avventurosi. Spiegare poi alla destra italiana che la Tunisia non è considerabile porto sicuro (mancanza di guerra e porto sicuro non sono sinonimi) ha voluto una pazienza immane ed esiti poco soddisfacenti. Che Salvini poi venga dipinto come l'unico cattivone del continente, un barbaro che non capisce niente e che non sa fare nulla, è deleterio. Innanzitutto perché la furbizia del condottiero verdefelpato supera di gran lunga quella dei salottieri della sinistra nostrana, e poi perché la Francia di Macron, idolo di taluni progressisti, non si è comportata in modo migliore in materia di immigrazione. Salvo poi la ricaduta finale, l'ex comunista padano ha costruito tutta la sua fortuna mediatica contando sull'inettitudine di chi stava dell'altra parte. E lui stesso lo sapeva quando diceva *ce ne fossero di opposizioni come* il *Partito Democratico,* e non ha tutti i torti. Salvini è stato liberale, comunista, nazionalista, secessionista, anti-meridionale, filo-meridionale, laicista, conservatore: è una capacità di rimettersi sempre nel mercato delle ideologie straordinaria, perché tutte le volte pare non perdere così tanta credibilità. A volte mi chiedo come mai abbiamo l'uomo di destra più furbo, scaltro e carismatico di tutta Europa, mentre la sinistra più vigliacca, debole, inetta e corrotta: poi mi ricordo che, in fin dei conti, la prima cosa implica la seconda ed è tutto un circolo vizioso in cui si combatte il fuoco con il fumo. Ammettere che Salvini è la creatura nata da decenni di disastri compiuti dai partiti tradizionali sarebbe già un primo segno di maturità da parte di una certa sinistra. Salvini guadagna voti utilizzando qualunque strumento che finisca nella sua traettoria, dal caso Sea Watch allo scandalo Bibbiano. Salvini vince non perché xenofobo, ma perché *populista,* dunque si dichiara vicino all'ultimo, il quale gli crede convintamente. Poco importa se poi dichiara Margaret Thatcher uno dei suoi massimi modelli: il popolo continuerà a credere in lui e alla sua contrapposizione italiano-migrante, in assenza di alternative credibili. Bisogna lanciare la vera contrapposizione invece: le oligarchie finanziarie da una parte e gli imprenditori patrioti/lavoratori del Mediterraneo dall'altra. Ossia il vero conflitto, tra dominatori e dominati, che la sinistra schiava dei dominatori ha messo da parte. Salvini è poi bravo a costruire un discorso, smontando la narrativa secondo cui chi sta a destra è analfabeta: per molti suoi elettori questo può anche valere, ma non si può sicuramente dire che il Capitano sia allergico alla grammatica e alla sintassi. In un anno di governo la Lega è riuscita a far perdere molti voti all'ex alleato, ma non strappandoli tutti: se è vero che il substrato nazional-reazionario dei 5 Stelle si è avvicinato moltissimo al Carroccio, molti elettori pentastellati hanno semplicemente smesso di votare. Il Movimento ha fallito in qualsiasi cosa, nonostante alcuni nobili ideali iniziali: ma un contenitore vuoto non riuscirà mai a forgiare un mito e a servirsene per ottenere consenso nel lungo termine. Matteo Salvini, tra lo scandalo Russia e problematiche interne, è riuscito perfino a passare per martire, nel momento in cui il governo lo ha fatto cadere lui stesso. E in questo è stato veramente da Oscar. Urlare al complotto dopo aver fatto crollare tutto e urlare all'inciucio dopo aver sostenuto il Rosatellum Bis. Un po' come approvare il decreto sicurezza bis e subito dopo scendere in piazza: assolutamente geniale. Se si vuole trovare uno spiraglio di luce da contrapporre al dogmatismo del populismo di destra, che ignora i valori di umanità, eguaglianza e libertà; occorre puntare su un fronte socialista ed econazionale. È inammissibile fare politica per il popolo senza fare politica per ciascuna forma di vita che fa parte della comunità. I popoli del Mediterraneo, uniti nel nome della Terra, della Patria e della fraternità sono in grado di lanciare una macchina mediatica molto più potente di quella di Matteo Salvini.

Se volessimo fare politica per il popolo e per la terra servirebbe lanciare una sinistra patriottica e libertaria, non una destra anticapitalista: è bene ricordarlo. Il Fusarismo è dunque un altro ostacolo da non sottovalutare.

Ha fatto abbastanza notizia la volontà da parte del filosofo Diego Fusaro di lanciare una propria formazione denominata Vox Italia, secondo lo slogan "valori di destra, idee di sinistra". Nulla di nuovo: la stessa identica espressione è stata utilizzata da Florian Philippot, consigliere di Marine Le Pen. Che Diego Fusaro piaccia alla destra radicale italiana non è un mistero, ma analizzando ideologicamente la sua dottrina troviamo un mix tutt'altro che rivoluzionario. Fusaro mescola una tendenza sansepolcrista e corporativista con un comunitarismo di derivazione gramsciana. Figlio delle teorie distorte di Costanzo Preve, Fusaro è semplicemente un conservatore che ha tratto spunto da idee marxiane e neo-hegeliane. In lui si riscontrano tutti i difetti della destra hegeliana, oltre che a un sentimento statocentrico, di società (o meglio comunità) etica e di sottomissione all'autorità. Dalle teorie di Costanzo Preve, intellettuale trasversale, Fusaro ha dato forma ad una sorta di destra impegnata sul sociale, che partirebbe già con un nome diversamente bello (mi ricorda troppo i neo-franchisti spagnoli). Il celebre sentimento anti-libertario ed anti-autonomista di Fusaro è dirompente: critiche molto violente all'autodeterminazione catalana e all'esperienza del '68 non sono uscite nemmeno dalla bocca delle destre più nere. Fusaro si dichiara nettamente contro la patrimoniale e contro l'autodeterminazione dei popoli, salvo poi invocarla nei momenti che vuole per tuonare contro l'establishment europeo neo-liberista. Anti-ecologista come pochi ed incapace di staccarsi dall'industrialismo marxiano, il fusarismo è nemico della libertà e della rinascita econazionale panmediterranea, usando una retorica violentemente antropocentrica e settaria. Bookchin definirebbe costui come seguace della mitica bara rossa, vagando per ostacolare un progetto radicalmente rivoluzionario. Costui si rifà ad un idealismo dialettico anti-naturalistico, che si fonda sulla gerarchia e sul dominio, oltre che sulla reazione del ceto medio. Non è da escludere, però, che questo esperimento trasversale riesca a togliere voti alla Lega ed alle destre tradizionali.

Tornando alla mitica crisi di governo di Salvini, il suo peccare di superbia, districarsi tra gli errori ed invocare compulsivamente entità religiose in proprio soccorso mi riporta alla memoria una certa immagine dalla mitologia:

> *"La vicinanza cocente del sole*
> *ammorbidì la cera odorosa, che saldava le penne,*
> *e infine la sciolse: lui agitò le braccia spoglie,*
> *ma privo d'ali com'era, non fece più presa sull'aria*
> *e, mentre a gran voce invocava il padre, la sua bocca*
> *fu inghiottita dalle acque azzurre, che da lui presero il nome"*

Fu un tragico volo quello salviniano, che, sotto la spinta della tracotanza, portò alla distruzione temporanea dei suoi sogni di gloria. Salvini, tra il rinfocolare la crisi e provare a scusarsi, ha emesso grida di disperazione fino a toccare i parametri dell'isteria. L'ex alleato Luigi Di Maio, che diceva di rifiutare proposte di riconciliazione, era probabilmente più deluso dello stesso Salvini. La crisi di governo fu uno dei peggiori quadri espressionisti della politica contemporanea, un grande teatro in cui nessuno dei protagonisti poteva ritenersi risparmiato dalla mannaia dell'ipocrisia.

Il governo giallo-verde aveva dimostrato in modo purtroppo eccellente come la reazione al Renzusconismo, senza una reale proposta sociale e libertaria, potesse tradursi automaticamente in corollario del Renzusconismo stesso. Quando la crisi, d'altra parte, attirò le attenzioni del Partito Democratico, la segreteria Zingaretti fece pressione inizialmente per tornare al voto. L'obiettivo del segretario Montalbano era quello di fare un' enorme pulizia nei confronti delle frattaglie metastatiche renziano-ascaniane. Si può dire che sia proprio questo tentativo da parte della nuova segreteria di ghettizzare il Renzismo ad aver spinto il toscano a chiamare Conte per annunciare la propria volontà di scindersi per creare Italia Viva. Mi spiace che poi si porti dietro Marattin, ma Lotti no. Cancellare il renzismo è fondamentale per creare una politica più salubre, per disinnescare la conseguente xenofobia. Se continueranno ad esistere renziani anche moderati dell'area lottiana, interni al Partito Democratico, quest'ultimo non avrà mai la possibilità di risollevarsi, né di fare qualcosa per riscattarsi dalle nefandezze compiute durante il Governo Renzi.

E mentre ciò accade, è necessario che la rinascita econazionale panmediterranea prenda l'iniziativa: è necessaria una piattaforma libertaria, sociale, municipale e regionale che dal basso possa costruire un qualcosa di destinato a fiorire lentamente.

L'Italia gode di un territorio ecologicamente interessante, così
che ciascuna sua componente territoriale può essere uno specchio
del pluralismo che va riscontrato all'interno di una società sana.
La flora, la fauna, ciascun campanile e ciascun castello è legato in
modo indissolubile al popolo e alla comunità, che può essere artefice dell'officina della democrazia. Perché tra popolo, territorio,
ambiente e democrazia vi è una continuità filosofica, naturale oltre
che sociale. Una parte del mio desiderio di democrazia aleggia tra
le logge di questa terra, si rafforza ad ogni parola proferita e si culla sulle note dell'internazionalismo libertario e panmediterraneo.
Ciascuna nutria, ciascuna mantide e ciascuna zanzara, che ho incrociato durante la mia vita in questa pianura, è parte integrante
di un sistema comunicativo che tende le sue braccia tra territorio
e comunità. Osservo le piazze che, in occasione dei mercati tradizionali, si riempiono tramite la vitalità della comunità, e vedo un
equilibrio tra architettura, natura ed elementi antropici. Ed immagino che questa piccola *eco-comunità* possa essere teatro della più
nobile delle democrazie, che oltrepassa con orgoglio le macchine
del denaro e le macchine dei partiti. E spero, sospirando, che lo
stesso possa avvenire tra le onde indomabili che si abbattono sulle
coste catalane e tra gli scogli dell'Egeo.

Il governo giallo-verde non ha fatto nulla per provare a radicalizzare la democrazia, per provare a dare voce a fiorenti eco-comunità
sparse in tutta la penisola. Questo nonostante i pentastellati siano
sempre stati, a parole, per maggiore democrazia e più partecipazione. Se si pensa all'altro membro di questo governo, ossia la Lega,
le responsabilità sono ancora peggiori: si pensi al tentativo della
Lega di distruggere il Sardismo dall'interno, infangando la memoria
antifascista di Emilio Lussu. Vedere le bandiere dei Quattro Mori a
Pontida appare infatti una sorta di incendio dentro ad un acquario. Il popolo sardo, che con onore ha avuto un combattente ed
un martire nella Siria del Nord, ha dato molto alla cultura sociale,
libertaria ed antifascista. Era chiaro che l'econazionalismo sardo e
l'eco-anarchismo curdo si sarebbero sposati con una certa dose di
facilità. Emilio Lussu, sotto una spinta che potremmo definire incline al trotskismo, arriva a sostenere dunque l'idea di una rivoluzione permanente, pubblicando la sua celebre *Teoria dell'Insurrezio-*

ne, in cui vengono analizzate le varie insurrezioni popolari europee. La Sardegna, ne sono convinto, rimarrà sempre una terra ideologicamente fertile, in cui potranno potenzialmente nascere ulteriori teorici futuri della rinascita ecomediterranea.

Lunga vita al popolo sardo

Econazionalismo libertario VS Governo giallo - "rosso"

Quando, tra l'ira delle destre italiane, nacque il governo giallo-"rosso" in molti parvero quasi scandalizzati dalla scelta grillina di scendere a compromessi con il nemico storico, come se non sapessero che si tratta di una manovra normale nel mondo di perdita delle ideologie. Più volte nel mio piccolo mi sono già espresso sulla speranza di disfatta culturale del Movimento, in modo da lasciare spazio ad una forza completamente socialista. La stampa italiana, che aveva particolarmente infierito in passato nei confronti del premier Conte, si è poi scoperta improvvisamente tifosa del nostro amato Giusepp(i). Tra i pregi del Governo Conte II vi è innanzitutto quello di aver confinato all'opposizione (che poi in realtà, appunto, ha fatto tutto da sé) il DJ Felpa e la sua schiera di adepti della reazione. Vedere messi fuori gioco oscurantisti come Fontana è sicuramente un passo in avanti. Aver confinato il Movimento 5 Confusi nel perimetro delle forze borghesi e tradizionali potrebbe essere un tocco di classe. Sperando nella disfatta sistematica del Movimento e nell'odore distante di socialismo libertario, di lotta alle gerarchie della politica, sono contento che almeno Bonino abbia detto di no al governo, in modo da contenere l'ultraliberismo, che in parte già c'è in esso stesso. Il primo vincitore di questo governo è sicuramente Nicola Zingaretti: la sua abilità di trattare silenziosamente i renziani come elementi sgraditi, da confinare fuori da tutto e da tutti, è stata sicuramente premiata. Abbiamo visto, difatti, che, a nemmeno troppa distanza, l'emorragia del liberismo renzista si è sparsa per tutto il mondo dem, con fughe minacciate e realizzate dai fedelissimi. Fin dalla nascita del governo, Renzi aveva cominciato a frignare, dopo aver capito di essere stato praticamente gabbato dal segretario, il quale aveva lasciato solamente 2/3 renziani nei posti di potere. Democristiani attaccati alla poltrona come Franceschini e

Guerini (peggio ancora) erano le uniche spalle (poco rilevanti) che Renzi aveva ancora per provare a contaminare il governo con le sue politiche filo-berlusconiane. Amendola pareva anch'egli uno degli ultimi rimasti chiusi nella Gibilterra lottiano-renziana.

Il grande elemento di discontinuità, però, rispetto al governo precedente, è sicuramente il Ministero dell'Interno. Interessante è stata la scelta di Lamorgese, un tecnico non presente sui social, per marcare la differenza rispetto al predecessore. Pare che codesta sia stata scelta in persona dal presidente della Repubblica, come se servisse metaforicamente a disinfettare il Viminale, il quale era divenuto praticamente un organo di partito. Comunque, il fatto che in quel posto non ci sia finito Minniti, o peggio ancora Di Maio, mi fa tirare lo stesso un sospiro di sollievo.

La scelta di Gualtieri all'economia non mi ha fatto per nulla morire di felicità: fondamentalmente si tratta di un altro individuo utilissimo per fare gli interessi della Commissione, ma meno di altri nomi che il burattinaio di Firenze avrebbe auspicato e che sarebbero stati benedetti (dai) Della Vedova e dai Rosato. Uno dei punti che mi aveva fatto felice era proprio il non trovarmi Rosato in posti di potere, dopo che costui aveva realizzato una legge elettorale tendente all'oscena. Spettacolare la parabola di LEU, che da partito morto e sepolto (*de facto* già sciolto) era riuscito a piazzare Speranza alla Salute, un bel gioco di parole direi.

La scelta di Di Maio agli Esteri, a mio parere, toccava il limite del ridicolo: pur di avere una poltrona sembrava quasi che costui fosse stato spinto ad accettare qualsiasi cosa. Speranze migliori ripongo invece in Catalfo, perché, se non vogliamo rimanere agli stessi livelli della Moldavia in quanto a welfare, un salario minimo sarebbe una cosa giusta. Tra l'altro, era già stato proposto nel corso del Conte I, ma la Lega non ha mai nascosto il suo scetticismo nei confronti del salario, potenzialmente sgradito agli elettori del mondo imprenditoriale padano. C'è da dire che, a mio avviso, Di Maio è una figura molto particolare nei rapporti di forza: due volte vincitore, due volte sconfitto. Vittorioso per la scelta del sottosegretario, sconfitto perché non è né vice, né all'Interno.

Sconfitti sono poi i Casaleggio e i Paragone, che potrebbero tranquillamente tesserarsi alla Lega. Vincitore è il presidente della Camera Roberto Fico e gente del gruppo misto che avrà provato una discreta dose di goduria nell'aver sbattuto fuori il Capitano. Se qui in Italia dovessimo provare ad individuare un populista con chiare tendenze sinistre, il nome di Fico è uno dei pochi che potremmo inserire con certezza in una potenziale lista. Ex elettore di Rifondazione, ha fatto dichiarazioni (tra l'altro in linea con quanto vi è scritto nella Costituzione) su rom e migranti da far impallidire le destre più arrabbiate. D'altra parte, egli non ha mai nascosto il suo vivo interesse nei confronti di tematiche come l'ambiente e l'acqua pubblica. Forse, se non ci trovassimo in Italia, Roberto Fico potrebbe essere tranquillamente uno degli iscritti a forze come Podemos e Sinn Féin.

Ma tornando al Governo Conte II, se vogliamo fare una recensione complessiva, credo che in fin dei conti la discontinuità sarà ben poca. Mi aspetto un governo servile e fiacco in politica estera, timido e supino in economia. Se qualcosa prenderà una via diversa (ma in modo leggerissimo) sarà sicuramente l'ambiente: mi aspetto un miglioramento in quel settore e una maggiore consapevolezza nell'affrontare la più grande emergenza del nostro tempo. Che il governo possa durare più del precedente ne sono forse maggiormente convinto, dal momento che le differenze sono molto più ridotte e, se lo sono, è proprio perché entrambe le forze sono prive di saldi punti di riferimento. È il mondo della post-ideologia o della non-ideologia a rasentare spesso la cultura del Nulla. Nel programma del governo PD-5 Stelle, inoltre, nonostante le maggiori aperture, non vi è un programma veramente serio e veramente convinto nel riuscire a sostenere la rivoluzione ecologica. Non vi è una volontà nel rompere tali catene del dominio e lo dimostrano le aperture di Bellanova nei confronti del CETA. Ma nonostante questo, io confido nel fatto che il governo duri, proprio perché voglio che il Movimento 5 Stelle si autodistrugga il più possibile, lasciando orfano un elettorato che avrà bisogno di un qualche punto di riferimento.

Per ora si può osservare ed aspettare

Ma un giorno sarà possibile portare la democrazia al massimo dei livelli mai concepiti in terra, in nome dell'autodeterminazione dei popoli. La rinascita econazionale libertaria è certamente vicina.

Il corso della storia

Come ho già avuto modo di osservare in diverse altre parti di questo libro, spesso il motore del cambiamento è influenzato dal *corso della storia.*

Pensate se Serok Apo non avesse mai letto il manifesto del maestro Murray e fosse rimasto agganciato ai dogmi del marxismo-leninismo? O se Serok Apo avesse ottenuto l'asilo politico prima di essere catturato? Se in Italia lo statalismo marxista fosse stato più debole del libertarismo in stile catalano?

Probabilmente la storia sarebbe andata diversamente

La storia è fatta di momenti drammatici, questo sì, ma a volte dal dramma conseguente alla ribellione germogliano fiori meravigliosi. Serve sognare una Rojava Mediterranea, in cui greci, spagnoli, portoghesi e italiani possano vivere in modo fraterno e sostenibile, in pace con ogni altra forma di vita, e nel nome dei nobili valori della democrazia. Vi è molto da imparare dalla resistenza di questi popoli. Dallo zapatismo al pensiero di Mujica, da Apo a Laclau occorre inserire questa cultura socialista e libertaria all'interno delle forze parlamentari dei nostri paesi.

Il fatto che la storia tenda sempre e comunque a progredire è un mito che in ogni modo va sfatato: nasce anch'esso dalla già enunciata *religione dello sviluppinesimo,* con radici prepotentemente antropocentriche. La storia è dominata da fattori di interazione tra elementi distinti e fattori di casualità: l'evolversi di una società in un senso o nell'altro è argomento del celebre antropologo Jared Diamond. La multifattorialità che nega il destino e che gioca sullo scacchiere dei popoli ha prodotto risultati diversi in aree geografiche diverse. Credere che tutte le società della storia siano state fondate sul dominio e sul patricentrismo è semplicemente irreale ed ingiusto. Questo rapporto squilibrato, che annulla l'armonia e che disprezza la comunità si è creato proprio in luce del *corso della storia* di cui sto parlando. È come se esistesse una specie di *sorte naturale,* volta a favorire la radicalizzazione della democrazia in un territorio piuttosto che in un altro. Popoli misteriosi come quello basco sono risultati del *corso della storia,* che in questo caso volge alla *conservazione.* Lo statalismo italiano è invece residuo del corso, in direzione della *degenerazione*. La rivoluzione del Rojava è conseguenza di anni di lavoro clandestino, svolto dalle comunità locali, ed è appunto *rivoluzione*. Non è detto che in un prossimo futuro, in una Siria pacificata, il Rojava potrà ancora essere ancora una realtà esistente. Ciò che però non cambierà è la mentalità che, in quell'officina della democrazia, rimarrà indelebile per aver liberato un popolo dalla violenza di una delle catene patriarcali più pesanti del globo. Il Rojava è uno dei prodotti più stupendi del corso della storia, che va salvaguardato in ogni modo, dal momento che è riuscito a disfarsi sia dell'eredità islamista, sia di un panarabismo che purtroppo spesso era sfociato in manifestazioni di autoritarismo in quella zona. Il Rojava ha dato dignità ad una democrazia senza stato e a più nazioni senza stato alcuno. Stato centralizzato e nazione rivoluzionaria non coincidono, anzi: le classi medie delle nazioni senza stato sono spesso più riluttanti a cadere nella retorica del morbo reazionario e sono le più fertili per quanto concerne la possibilità di radicalizzare la democrazia. Per questo, come poi spiegherò, il popolo catalano, forte dell'esperienza libertaria del secolo scorso, è un popolo intrinsecamente rivoluzionario, e addirittura il martirio rivoluzionario pare tingere la figura dell'esule Carles Puigdemont, un personaggio che, per la verità, è figlio di una cultura più liberale che sociale. Il messaggio di solidarietà da parte delle forze della Siria del Nord agli indipendentisti catalani è stato molto caloroso: le due culture rivoluzionarie vanno a braccetto e si fondano su un assemblearismo sociale non-marxista, anche se nel caso catalano la questione del "non marxista" andrebbe chiarita in un discorso più approfondito. C'è da dire, inoltre, che alcuni dei combattenti curdi sono stati fotografati mentre avevano sulla divisa la nobile bandiera della Repubblica Spagnola. Questo rafforza l'internazionalismo e la fraternità tra i popoli, mettendo tutti gli oppressi dalla stessa barricata. Sempre discutendo di barricate, la stessa *A Las Barricadas* cantata orgogliosamente dagli anarchici catalani è stata poi riproposta non di rado in lingua curda come *Werin Barikadan*.

Globalismo ed Internazionalismo

Luci e ombre della globalizzazione sono state prese in esame da diversi autori, primo fra tutti Zygmunt Bauman, portando spesso questa parola all'interno del dibattito pubblico. Mi è capitato, purtroppo, di vedere molte persone di estrazione progressista confondere l'internazionalismo libertario con il globalismo liberale. Prima di tutto libertario, liberale, liberista e libertariano non sono assolutamente sinonimi. Inoltre, l'internazionalismo è conciliabile perfettamente con il patriottismo, che sia di stampo socialista o anarchico, mentre non ha nulla a che vedere con il globalismo. Il capitale per sua natura tende a fuoriuscire dai confini portandosi in una dimensione che potremmo definire sovra-nazionale. Ma questo porta a degli esiti opposti rispetto all'internazionalismo proletario di marxiana memoria e soprattutto all'internazionalismo libertario, necessario nella genesi di una coscienza ecomediterranea matura. Il capitale tende ad uscire dai confini perché la macchina del denaro, oltre ai difetti della macchina del partito marxista, ha una capacità di mobilità nettamente superiore. Se la macchina del partito conduce alla miseria della classe media del paese di un solo Stato, la macchina del denaro ripartisce equamente la miseria stessa. Dunque, potremmo sottolineare la differenza in questo modo:

"[...] l'internazionalismo si fonda sull'eguale ripartizione del benessere tra nazioni, il globalismo si nutre invece dell'oppressiva diffusione della miseria."

Il patriottismo libertario è dunque la *conditio sine qua non* per l'internazionalismo pan-mediterraneo. Libertarismo ed amore per la comunità e per tutto ciò che è ambiente e natura. La sovranità popolare di una comunità potrà realizzarsi a pieno solo nel momento in cui sarà garantita anche quella dei popoli fratelli, così che quando un indipendentista catalano viene deriso e ferito, io stesso è come se soffrissi del medesimo sopruso. Gli sconfitti della globalizzazione e della statocrazia partitica aspettano qualcuno che li rappresenti, soprattutto in questo paese, che probabilmente rischia di trovarsi l'ammucchiata dei reazionari al governo tra non troppi anni, per assenza di alternative. Occorre, invece, domare la globalizzazione e fare in modo di valorizzare gli effetti positivi della stessa, e stroncare il globalismo finanziario, inteso come sfruttamento dei popoli inermi. La Catalogna e il Rojava possono essere dei punti di partenza, dal momento che, come farò vedere, l'oppressione dello stato turco risulta per molti aspetti simile a quella dello stato spagnolo.

Io credo che questa confusione tra globalismo ed internazionalismo sia alimentata dallo stesso establishment globalista, il quale si nasconde dietro la fratellanza tra i popoli per lasciar fluire il capitale senza taluna opposizione, o che, ad esempio, dipinge la guerra come missione di pace per fare i propri interessi colonialistici. Il capitalismo di stato non è infatti capace di raggiungere l'obiettivo finale: la distruzione totale della società, quindi della natura, perché rinchiuso da un confine che lo limita eccessivamente. A questo punto il globalismo è la via di fuga più efficace per depredare ciascuno dei continenti attraverso la macchina del denaro sfrenata.

L'idea che tutto ciò che vada oltre i confini sia necessariamente positiva è semplicemente falsa, l'unica cosa che è degna di farlo è la solidarietà

Anche i paesi del socialismo reale hanno ripudiato spesso l'internazionalismo in nome del globalismo liberale: il socialismo di mercato cinese è un esempio di come gli ideali sociali siano stati in gran parte infangati da illiberalismo, neoliberismo economico e dominio della macchina burocratica. La Cina, dunque, è due volte oppressiva perché schiaccia i popoli sia con la macchina del denaro, che con quella del partito. Questo generico socialismo con caratteristiche cinesi è l'essenza della statocrazia che pesta il diritto all'autodeterminazione del popolo tibetano, quello di Hong Kong e che minaccia l'autonomia dell'isola di Taiwan. Statalismo, industrialismo, anti-ecologismo, capitalismo di stato e militarismo sono i pilastri su cui poggia la Repubblica Popolare Cinese, che di popolare, come voi vedete, ha proprio ben poco.

Occorre rivedere le nostre politiche ambientali e puntare a fermare l'imminente catastrofe ecologica.

"Compito cruciale dell'ecologia sociale è quello di demistificare l'idea tradizionale di natura avara, così come la recente immagine dell'alta tecnologia come di un male senza scampo. Di più, l'ecologia sociale deve dimostrare che i moderni sistemi di produzione, e di promozione dei beni e dei bisogni sono profondamente irrazionali oltre che anti-ecologici. Chiunque eluda l'alternativa irriconciliabile tra una natura potenzialmente generosa e un uso sfruttatore della tecnica tesse di fatto l'apologia dell'irrazionalità dominante. Certo, nessun argomento etico di per sé potrà

mai convincere i deprivati, i reietti, che devono rinunciare a ogni pretesa sulla relativa abbondanza del capitalismo (...) Tutto ciò che non è rinnovabile è esauribile: si tratta di una filistea verità lapalissiana. Ma ci si può chiedere: quando si esaurirà? Come? Per opera di chi? Per quale ragione? Per quanto concerne il presente, non si può seriamente affermare che alcuna delle principali risorse non sostituibili sia destinata a esaurirsi prima che l'umanità possa scegliere nuove alternative, "nuove" con riferimento non solo alle tecniche materiali ma soprattutto istituzionali e sociali. Sostenere il diritto dell'umanità a operare una scelta tra le alternative (soprattutto istituzionali) che possono riproporci una traiettoria razionale, umanista ed ecologica, è un compito che non è ancora stato svolto né dall' "alta", né dalla "bassa" tecnologia."

(Murray Bookchin, L'Ecologia Della Libertà)

IV. Breve viaggio nella (più o meno) socialista penisola iberica: Spagna e Portogallo

Il terremoto Podemos

Il bipolarismo non è mai stato una situazione entusiasmante: in ciascun luogo dove tale fenomeno ha preso piede, vi sono poi state inevitabilmente delle creature politiche che sono fuoriuscite dagli schemi tradizionali, o dei celebri esponenti che sono riusciti ad imboccare vie alternative. La Spagna è stato uno di questi paesi, dove la ultra-sinistra di Podemos è riuscita ad aizzare le folle contro la dittatura della Troika. Il leader, Iglesias, per riuscire nel suo intento di mobilitare le masse popolari ha sacrificato i simboli della tradizione marxista, mantenendo solamente la retorica sudamericana e le insegne repubblicane. Qualunque sistema monarchico, per quanto giusto ed efficiente possa essere, mantiene elementi che sono estranei alla sovranità popolare e, dunque, potenzialmente antidemocratici in senso lato. Un sistema repubblicano, popolare ed elettivo è indispensabile per la radicalizzazione della democrazia. L'efficienza del sistema-governo è direttamente proporzionale alla mancanza di elementi che sfuggono alla sovranità popolare.

Prima di imbracciare una svolta maggiormente governista (non dico "moderata" perché non sarebbe propriamente corretto) Podemos aveva inserito spesso nella sua battaglia i diritti dei liberi popoli del Sud Europa. Una critica serrata al bipolarismo, quanto alle vecchie classi dominanti aveva permesso a questa forza di raggiungere il 21,15% alle elezioni generali del 2016, un risultato non da poco, tale da aver messo a rischio l'egemonia del PSOE. Forte di diverse branche regionali e locali, Podemos ha poi stretto un accordo con Equo (che andrà con Errejón) ed Izquierda Unida nella coalizione UP. Si tratta per la verità di due partiti estremamente tradizionalisti in quanto ad utilizzo della simbologia, nel primo caso dell'ecologismo classico, nel secondo della sinistra radicale rossa. Nonostante l'accordo stretto con queste due forze, i podemiti si sono lanciati più come forza anti-sistema che *gauchiste:* sarà proprio l'affermarsi di quest'ultima identità più classica e conforme alla visione degli opinionisti che il partito perderà progressivamente la sua spinta propulsiva. C'è chi loda questa svolta più "saggia", dicendo che in questo modo si dimostra una certa maturità e competenza. Io credo che questo atteggiamento di sottomissione vada combattuto in ogni modo, perché al momento è l'unica formazione capace di tentare una radicalizzazione della democrazia nella terra iberica e di mettere in discussione la casa reale. Il partito, da Montero ad Asens, pullula di ferventi repubblicani. Inoltre è l'unica forza castigliana a sfuggire al retaggio pan-spagnolista della transizione, che è riscontrabile tra i socialisti quanto nei popolari. Si tratta, dunque, in linea di massima dell'unico possibile interlocutore che possa fare una reale mediazione bilaterale tra Catalogna e Stato spagnolo.

In luce di unico interlocutore veramente democratico, Podemos viene spesso attaccato dagli spagnolisti come un partito di traditori. La crisi catalana ha rinvigorito le diverse anime neo-franchiste del paese, che chiedono da tempo il commissariamento della Catalogna e la lotta ad ogni forma possibile di autonomia. Podemos, in questo senso, è stato un partito tanto democratico quanto ambiguo: se da una parte ha invocato l'autodeterminazione dei popoli ed il ricorso alla democrazia, dall'altra ha provato ad avvicinarsi al PSOE, lo stesso partito che brucia manichini di Puigdemont in pubblica piazza. D'altra parte, ambiguo è anche il personaggio di Ada Colau, e ambigua è la sua lunga soap opera con i vallsiani. Manuel Valls, il Calenda catalano (o francese, dipende dai punti di vista) ha fatto la figura dell'eterno incompreso, provando ad essere liberale ma odiando Rivera, accusandolo (ed era ora!) di collusione con il mondo neo-franchista. Valls è probabilmente considerabile una sorta di catalanista anti-indipendenza, socioliberale nei fatti e goffo nella pratica. Quando Matteo Renzi si guarda allo specchio vede (dopo Berlusconi ovviamente) Manuel Valls, e quando Manuel Valls si specchia (in una cabina telefonica ovviamente) vede Matteo Renzi. Con loro Spagna e Italia "si mettono in marcia": verso il baratro ovviamente.

Sicuramente, tralasciando la gaffe connaturata a Valls, la critica al liberal-fascismo riverista è stata una lieve apertura da parte di Manuel. Qualsiasi persona che appoggia Rivera sta potenzialmente disprezzando l'autodeterminazione dei popoli, la radicalizzazione della democrazia e la nuova coscienza libertaria ed ecomediterranea.

Tornando al *terremoto Podemos,* io vedo in loro una crisi, una sorta di confusione di identità light rispetto alla degenerazione gialla nostrana: Podemos *sa cos'è* ma se ne vergogna di esserlo *come un tempo.* A differenza un pochino di Syriza e soprattutto del Movimento 5 Stelle, che non sa più nemmeno da che parte voltarsi, Podemos non si è scordato come è nato e perché esiste. Anche alle elezioni europee del 2019 le parole d'ordine sono state le stesse delle origini: lotta a banche ed austerità, più partecipazione e democrazia. Eppure vi è qualcosa che tiene Podemos in uno stato di vergogna totale nei confronti di *quello che è e sa di essere*: la crisi catalana. E così Podemos inizia a parlare di "dialogo" piuttosto che di "autodeterminazione", in timore di essere ostracizzato dall'opinione pubblica spagnolista mainstream.

Ed è triste che un partito con un'impalcatura onesta ceda su punti importanti per poter garantire quella democrazia radicale da loro richiesta. I catalani, d'altra parte, hanno dimostrato di preferire i loro partiti regionali ed indipendentisti, piuttosto che le roccaforti podemite in loco, viste come teatro di spagnolismo moderato, piuttosto che di un reale bilateralismo.

Si può dire che la tristezza della situazione politica spagnola stia nel fatto che le sinistre stiano vincendo sistematicamente le elezioni, per dover portare al governo le destre. In un clima di profonda instabilità politica, i Catalani hanno tutto il diritto di intraprendere la loro strategia di *sabotaggio democratico*, continuando ad affossare un governo dopo l'altro, anche perché si tratta di fatto dell'unico metodo democratico-pacifico a loro concesso. Certo, vi è da dire che la lezione basca ha avuto un ruolo enorme nel riuscire ad iniettare il pacifismo in Catalogna. Ciascun catalano sa che se si affronta lo Stato con la violenza, si consegna la vittoria chiaramente allo Stato, in quanto quest'ultimo dispone di ben più mezzi.

L'ambiguità podemita è poi ulteriormente rafforzata da dispute interne come quella che ci fu un tempo tra *errejonisti* e *pablisti:*

L'*errejonismo* podemita punta, nel nome di uno dei miei grandi maestri Errejón, al consolidamento della democrazia diretta, all'ecologismo e al populismo, sotto una tenda progressista ma *de jure* trasversale. Personaggi come Rita Maestre sono vicini a questa corrente, che poi porterà a Más Madrid (e poi alla versione nazionale) e ad un polo scissionista alternativo. L'errejonismo crede innanzi-tutto nel potere della dialettica (come Mouffe e Laclau) ma poi vira verso un insipido moderatismo per quanto riguarda le tematiche economiche. Ciò che apprezzo dell'errejonismo è soprattutto il di-sprezzo della simbologia tradizionale, ciò che invece mi infastidisce è quella tendenza a flirtare con il PSOE in modo strano ed incoeren-te. Dell'errejonismo delle origini, tuttavia, ribadisco l'importanza dialettica per lanciare la rinascita dei popoli liberi del Sud Europa.

Il *pablismo,* ovvero la corrente ortodossa di Podemos, che an-cora oggi troviamo in Iglesias e Montero, è quella che si rifà sì al populismo (non europeo ma sudamericano), ma che marca mag-giormente la propria identità socialista.

È un peccato che queste due branche si siano separate proprio perché per un risollevamento ecomediterraneo sarebbe in parte necessario

Un errejonismo nella forma, un pablismo nella sostanza

Per quanto riguarda il futuro di Errejón, egli ha già espresso l'i-dea di voler lanciare una nuova edizione spagnola dei Verdi, Más País, che rispetto ad Equo avrà tutto il background errejonista-par-tecipativo. Sono abbastanza curioso nei confronti di questa piat-taforma, in quanto la combinazione tra populismo e libertarismo potrebbe uscirne anche ben fatta.

Meno roseo pare il futuro di Podemos, che in termini ammini-strativi sembra perdere colpi in un modo praticamente costante. Urge che la leadership riprenda i toni combattivi iniziali, per spode-stare il PSOE, il quale è un pessimo partito di sistema, guidato da un leader arrogante, che chiede ai podemiti di rinunciare alla loro stessa esistenza pur di governare senza di loro (salvo poi cedere nel novembre 2019).

Se da una parte Pedro Sánchez è un leader estremamente arro-gante ed anticatalano, dall'altra è anche vero che nei paesi iberici hanno questa insolita fobia nei confronti delle coalizioni. Per molti, i monocolori con appoggio esterno sono le uniche realtà possibili ed indiscutibili: la situazione portoghese lo ha dimostrato.

Io credo che gli elettori di Podemos, in quanto elettori e quindi mittenti della democrazia e custodi dell'umanesimo bookchiniano, debbano essere trattati con l'opportuno rispetto. Questo atteggiamento del PSOE del ritenersi l'unico custode della verità catalana, oltre che di partito che sa fare tutto lui, infastidisce sia me che la sinistra antagonista spagnola. Ed è giusto ribadire anche che, purtroppo, non tutti gli elettori del PSOE sono afflitti dalla vigliaccheria e dalla vanità del loro partito. Dico purtroppo, perché sono voti che sarebbero andati tranquillamente a Podemos e che tra l'altro *erano* andati proprio ad esso. I risultati del 2015-2016 non vengono infatti dal nulla, ma mostrano come molti socialisti avessero provato a sperimentare la scelta viola, in un momento in cui il PSOE pareva essere in tremenda difficoltà.

L'odioso sentimento spagnolista-suprematistico del PSOE porta a non credere alla fratellanza dei paesi mediterranei e a rinunciare alla lotta contro il centralismo. Podemos in un certo senso è l'unica tra le forze spagnole a non vantare questa discendenza dalla transizione, che ingloba il mondo liberale, quello conservatore e quello socialdemocratico. È qualcosa di diverso, che emoziona e spaventa nello stesso momento, ma è l'unica via possibile per lottare fino in fondo contro la cultura di Franco.

La cultura della transizione: Spagna e Turchia

Proprio parlando di *cultura della transizione,* per una persona che si occupa da anni di Medio Oriente come me, è impossibile non accomunare il PSOE con i Repubblicani turchi: entrambi sono figli della stessa retorica *nazionalista culturale,* nel primo caso per il passaggio dal Franchismo alla democrazia, nel secondo per il passaggio al kemalismo dalla cultura ottomana. Fate ben attenzione a questo termine: *nazionalismo culturale.* Esso è un tentativo di dare una forma civile a quello che di fatto è etnonazionalismo. Questa forma di via intermedia è palesemente sbagliata e scarsamente sincera, perché significa sputare sul patriottismo libertario e panmediterraneo, che non è né etnico, né culturale.

Questo tentativo di riproposizione del nazionalismo culturale come via di mezzo tra etnonazionalismo e nazionalismo civile lo si può intravedere anche in Israele, dove l'ebraicità dell'individuo e la sua misurazione rimangono ancora delle tematiche bollenti e dove non tutti i "tipi" di ebreo subiscono lo stesso trattamento.

Le culture kemalista e post-franchista hanno dunque gli stessi difetti:

- *L'individuazione di un nemico etnico*
- *Il culto della personalità*
- *Lo statalismo ad ogni costo*
- *L'intolleranza all'eterodossia politica*

Sul primo punto avete ovviamente capito dove voglio arrivare: alla questione curda in un caso, a quella catalana nell'altro. L'oppressione parallela ha portato alla criminalizzazione del kurdismo quanto del catalanismo sotto Franco. Nel primo caso l'oppressione nasce successivamente ad una violenta guerra civile, nel secondo più che di guerra vera e propria è meglio parlare (per quanto riguarda il Bakur) di guerriglia o di generico conflitto armato. Il fascismo turanico calpesta ogni minoranza in modo però sicuramente più violento e massivo del post-franchismo monarchico. In quest'ultimo abbiamo però una complicità mediatica nazionale ed (purtroppo) internazionale e un'ipocrisia immensa che magari porta gli stessi soggetti a condannare la Turchia, ma poi a considerare lecito il comportamento dello stato spagnolo. Lo spagnolismo-suprematista della transizione ha fatto una cosa che il turanismo reazionario non è mai riuscito a fare: mimetizzarsi completamente all'interno delle istituzioni democratiche. E questo lo rende pericolosamente più *umano ed accettabile*.

Il culto della personalità che troviamo in Turchia non mi pare abbia bisogno di troppi chiarimenti: i due sultani, Ataturk ed Erdogan, quello laico e quello religioso, governano ormai la simbologia pubblica e, in parte, la sfera privata di ciascuno degli abitanti. Quello spagnolista-suprematista è più articolato, per cui troviamo una dimensione meno epica ma più corale. Vi è la figura del sovrano e della sua cerchia, quale garante dell'unità della Nazione, dove spesso troviamo la mancata condanna dei crimini franchisti, per via di un patto della dimenticanza che ancora oggi fa sentire i suoi effetti. Il culto della personalità è dunque una *religione politica*, nello stesso modo in cui lo *sviluppinesimo* è religione economicomercantilistica.

All'uomo forte al comando è conseguente l'apparato burocratico-repressivo che fa capo al motore dell'oppressione: lo Stato. Il centralismo turco e la turchizzazione del Sud-est anatolico si allaccia perfettamente alla spagnolizzazione borbonica, nel tentativo di uniformare il cittadino, dunque mittente della democrazia, al *tipo ideale,* al buon turco o al bravo spagnolo. È ovvio poi che l'apparato statocentrico di cui dispone la Turchia è esponenzialmente più soffocante della piattaforma borbonica, ma il potere mediatico dell'anticatalanismo è nettamente maggiore. E vi spiego perché, dal momento che esistono due motivi:

- *l'internazionalismo mediatico*
- *la mitizzazione del anti-dissidente interno*

L'internazionalismo mediatico ha fatto in modo che fiorissero anticatalani ovunque, pensateci: è difficile trovare un generico "occidentale", di destra o sinistra che sia, supportare a parole i crimini di Erdogan, mentre è opinione diffusa anche qui in Italia da parte di certi settori politici (spesso purtroppo della sinistra) che lo stato spagnolo *stia facendo bene.* Se Erdogan è quindi l'islamico, il "barbaro", il sanguinario, giustamente incompatibile con i principi della democrazia occidentale, nata dalla Rivoluzione Francese, Sánchez è invece il "buono", il giusto o il *guapo* come lo definisce una certa stampa spagnola. Mobilitare il mondo e l'Europa contro il popolo catalano avviene spesso tramite accuse diffamanti, quali l'ennesima retorica della *secessione del ricco,* come se centinaia di anni di storia e cultura non valessero nulla di nulla.

Un'altra tipica strategia della stampa spagnolista-suprematista è la mitizzazione di quello che io chiamo *anti-dissidente interno.*

Secondo questa i Catalani sarebbero divisi in due grandi gruppi: gli *anti-dissidenti* e i *dissidenti.* I primi, secondo gli spagnolisti-suprematisti, sarebbero i *veri* catalani, quelli buoni, rigorosamente contro l'indipendenza, difensori dell'ordine e della legalità. Gli altri sono dei teppisti, nemici del mondo intero, un cattivo esempio che nessun *vero e sano* catalano dovrebbe imitare.

È una strategia mediatica potente che, se pensate, è stata utilizzata anche in altre zone del mondo. Difatti, in Italia, Lega e Fratelli d'Italia, partiti della destra reazionaria hanno cercato sempre qualche *testimonial* di origine africana per poter giustificare politiche xenofobe nei confronti dell'immigrazione. Così un israeliano spera di arruolare molti arabi nell'IDF, per dimostrare che costoro siano i *veri* arabi, buoni e giusti.

Infine, tra Spagna e Turchia, troviamo una comune lotta a qualunque forma di eterodossia politica. Podemos è disprezzato in quanto *fuori* dalla cultura della transizione, così HDP è nemico di tutti i kemalisti di destra e sinistra. Anche il colore viola, tra l'altro, è comune a queste due forme di eterodossia al pensiero dominante del paese. HDP si trova al di fuori delle tradizionali categorie politiche del paese anatolico e persegue una narrativa pericolosa per il mantenimento del potere da parte della classe dominante: va dunque, secondo la Turchia, cancellato e represso.

Podemos e HDP, tuttavia, differiscono per via dell'elettorato: se Podemos nasce come forza "pigliatutto", rivolta ad un target non solo di sinistra, HDP è un partito spiccatamente regionalista. La protezione delle comunità curde ed alevite rimane infatti uno dei punti salienti di questa forza politica, che si è costruita in funzione di questo scopo, unendo idee autonomiste ed anticapitaliste.

Quando Serok Apo ha fatto la rivoluzione da dietro le sbarre, l'eterodossia ideologica è stato uno dei punti fondamentali per mettere in moto un progetto che sembrava ormai defunto. Ciascun popolo ha diritto ad autodeterminarsi, attraverso l'autonomia o attraverso l'indipendenza. Quest'ultima non è condizione necessaria, né sufficiente per vivere bene, eppure è la base della democrazia e del rispetto per la comunità. Io credo che l'autodeterminazione dei popoli sia raggiungibile attraverso varie modalità: per quanto riguarda il popolo catalano reputo via maestra quella della CUP, in quanto inserisce la potenziale Catalogna indipendente all'interno di un contesto estraneo all'atlantismo, ma soprattutto, inserisce la liberazione del popolo catalano in una prospettiva più ampia di lotta all'imperialismo e di liberazione internazionale.

Esistono diversi miti sull'impenetrabilità delle sedi della CUP: mi piace vederla come una metafora della solidità del popolo catalano, che nonostante un fuoco giudiziario, mediatico e militaristico crede ancora nella via pacifica alla democrazia.

La propaganda è in democrazia quello che il randello è in uno stato totalitario

(Noam Chomsky)

Il Portogallo tra Europa ed austerità

Spagna e Portogallo sono paesi per molti aspetti simili, per altri meno.

Gli aspetti di somiglianza sono sicuramente:

- *Una cultura libertaria ed accogliente radicata*
- *L'aver patito una dittatura fascista*
- *L'assenza per un lungo periodo di una destra estrema ed illiberale*
- *La preferenza per le grandi coalizioni*
- *La sofferenza provocata dall'austerità*

Mentre sugli aspetti di diversità:

- *Una capacità maggiore di collaborazione tra forze politiche in Portogallo piuttosto che in Spagna*
- *Una dimensione più cittadina che rurale delle forze radicalmente progressiste*

La cultura libertaria portoghese non stupisce, basti vedere la legislazione sulle droghe, dopo anni di oppressione da parte dei seguaci della reazione. *L'eccezione portoghese*, ossia la mancanza di un polo esplicitamente riconducibile al fascismo è sopravvissuta, a differenza della controparte spagnola. Il Portogallo è riuscito a costruire attorno a sé una barricata culturale contro la xenofobia e le ricette neo liberiste. La stessa cultura neo-keynesiana ha raggiunto perfino le forze del progressismo moderato, con la complicità naturale del *Bloco*.

L'atteggiamento del socialdemocratico Costa mi ha in questo caso piacevolmente stupito. Mentre da noi, difatti, vi era gente che farneticava di togliere le pensioni per risanare il debito e privatizzare la sanità, il Portogallo di Costa, che aveva goduto di appoggio esterno dalle forze di estrema sinistra, in pochi anni è riuscito a portare la disoccupazione dal 16% al 6,2%. L'espansione dell'economia della piccola oasi lusitana è prevista all'1,7% e il deficit pubblico scenderà a dei livelli estremamente bassi. Costa ha fatto qualcosa di opposto rispetto ai suoi sosia socialdemocratici: mettere in discussione i principi dell'economia classica e provare a costruire qualcosa di diverso dal solito dogmatismo. Questo appoggio esterno funzionava in fondo non troppo male, una sorta di unicum in cui la cultura socialdemocratica non è finita per sottomettersi completamente alle leggi del mercato.

Il Portogallo è il gemello meno tormentato della Spagna, un piccolo pugnale progressista, che può fungere da faro per la rinascita libertaria ed econazionale dei popoli mediterranei, ed illuminare l'Atlantico dal Mediterraneo stesso.

Le oligarchie finanziarie e burocratiche saranno sabbia nella bufera

Reazionari spagnoli e reazionari portoghesi

Il *modus operandi* nel combattimento delle forze reazionarie è diverso in Spagna ed in Portogallo. Se il popolo portoghese punta ad un progressismo cittadino, l'anima rurale della Spagna non esita talvolta a farsi sentire. I reazionari contro cui il Portogallo combatte appartengono al filone del liberalismo classico, mentre i reazionari spagnolisti-monarchici appartengono alla categoria già da me introdotta del *liberal-fascismo. L'eccezione spagnola* dell'assenza di una forza radicalmente reazionaria non ha retto il divampare della crisi catalana.

La reazione spagnola ha però dei caratteri diversi da quella italiana:

- un clericalismo molto più marcato
- un monarchismo da una parte, un presidenzialismo dall'altra
- la lotta al catalano piuttosto che quella contro l'immigrato (che comunque permane)

La nascita di Vox si configura più come una fazione scissionista dell'ala più xenofoba dell'aznarismo e si inserisce in una tradizione diversa da quella dei populismi di destra più diffusi in Europa. Vox è un partito sionista, imperialista, xenofobo, etnicista, centralista e fondamentalista cattolico. In sé racchiude tutti i mali del falangismo e del neo-liberismo. Riceve fondi dall'opposizione iraniana e si dichiara intenzionato a *non sovvertire i conti pubblici* e *riportare la Spagna grande come un tempo.* Il leader Abascal, consapevole del suo maggior apporto culturale liberista e cristiano, è sempre stato affezionato alla tradizione del Partito Popolare, rifiutando per questo personalmente l'etichetta di "populista".

Egli stesso, venendo da una storica famiglia di popolari, ha mandato una lettera struggente, in cui dichiara il proprio distacco dai popolari, senza però rinnegare le proprie radici. Vi riporto le parole di Abascal nella lettera di commiato:

> *"Stimato Presidente, con la presente ti comunico la dolorosa decisione di porre fine alla mia quasi ventennale militanza nel Partito. Ti trasmetto, dunque, una delle decisioni sicuramente più sofferte della mia vita. Me ne vado con dolore dal partito al quale mi sono iscritto quando ero diciottenne, dal partito, che è stato, e che ancora è, di mio padre. Per questo, a prescindere dalla mia personale decisione e da tutte le conseguenze che essa potrà determinare, mi sentirò sempre unito all'affetto di tutta le gente del Partito Popolare. E per questo, anche se profondamente dispiaciuto, ti restituisco con affetto e rispetto la tessera che ho portato nel cuore dal 31 dicembre 1994."*

La frangia estrema della reazione spagnola non è dunque rancorosa nei confronti del popolarismo mainstream, ma esaspera la sua componente religiosa e monarchica. È un arrivederci che, per esempio, non riusciremmo ad individuare in questo modo tra Lega e Forza Italia oppure tra Rassemblement National e Repubblicani francesi. È la continuità centro-estremo che piomba senza vergogna sui diritti schiacciati di baschi e catalani. Se i fondamentalisti di Vox, tra le loro chiacchiere su presunto genderismo e conquista di Gibilterra, sono riusciti a creare un polo estremista in Spagna, lo si deve però alla corruzione enorme che il popolarismo di Rajoy non è riuscito a gestire. Ogni scandalo che il PP provava ad insabbiare equivaleva alla contrazione uterina di quel parto reazionario che Vox è stato. I portoghesi, d'altra parte, hanno conservato la loro eccezione insieme agli italiani, anche se questi ultimi per un motivo opposto: la mancanza parlamentare di una vera forza politica radicalmente rivoluzionaria.

Le litanie di Vox vengono diffuse con un apparato propagandistico a mio parere ben funzionante: amante della natura e bucolico nell'animo, Abascal potrebbe essere un ideale candidato bioregionalista nella terra iberica, se non fosse un nero reazionario, che fa politica sulla pelle dei catalani e degli immigrati.

Gonfiata moltissimo prima di ogni elezione, la stella verde ha dimostrato di essere cadente alle scorse europee, pur avendo raccolto qualche voto da popolari delusi, nonostante una successiva ripresa verso il novembre 2019.

Un altro aspetto particolare di questa forza politica è il fatto di dichiararsi apertamente anti-femminista, manifestando perfettamente le sue attitudini patriarcali e ultra-clericali.

Importante è, però, sottolineare come per far nascere un Vox qualsiasi in Italia sarebbe servito un semplice barcone a Lampedusa, mentre in Spagna era necessaria una crisi nazionale, che ha condotto ad esiliati e prigionieri politici.

Questo problema è sicuramente di carattere culturale e pone la necessità di un diverso modo di agire in Italia rispetto a Spagna e Portogallo.

Fascismo culturale e fascismo in atto

Il grande problema culturale dell'Italia, come ho già avuto modo di spiegare parlando di Renzusconismo, e sperando che in futuro Andrea Scanzi possa leggere queste parole, è il seguente: non tutte le persone che votano la destra radicale sono di destra radicale.

La coerenza maggiore riscontrabile nei paesi iberici ha portato a generazioni di reazionari, in cui i padri votano ciò che è vicino alla cultura franchista e i figli votano facendo una scelta analoga. Lo spagnolo che vota e sostiene il franchismo è di fatto *un franchista*

L'italiano che parla del Duce in modo goliardico, dicendo che ha fatto *anche cose buone* non necessariamente ha lo stesso radicamento ideologico. Vi è questa tendenza, a mio parere controproducente, di cercare di saltare sul carro del vincitore. Vi è questo desiderio, comprensibile ma mal declinato da parte del popolo italiano, di vedere l'uomo forte al potere, il fascino dell'autoritario contrapposto ad un progressismo smidollato e senza iniziativa: è il rischio del *fascismo culturale,* che è ben diverso dal *fascismo in atto,* quello con caratteristiche propriamente iberiche. Le diversità dell'elettorato si spiegano poi con le differenze in quanto a dottrina: il neo-fascismo italiano finge di schierarsi contro i potenti, mentre il falangismo non ha alcun piano di trasformazione della società. È reazione *in quanto conservazione.*

È più facile trovare un personaggio italiano che sia stato comunista, liberale, democristiano, nazionalista in diversi momenti della sua vita piuttosto che uno spagnolo o portoghese, spesso forte della sua coerenza.

Il degrado in cui versa l'Italia da questo punto di vista è preoccupante: è stato detto che erano morte le grandi ideologie, che bisogna votare secondo i mercati. In più, ci propongono leggi elettorali che garantiscono ingovernabilità.

Il *fascismo culturale* è qualcosa contro cui dovremo trovarci a fare i conti, prima o poi. Occorre combatterlo, così che la rinascita econazionale dei popoli mediterranei avvenga in sintonia con i valori di Mouffe, Laclau e Bookchin.

Contro il *fascismo in atto* non dobbiamo invece cadere nel tranello dei media dell'establishment finanziario, che agitano lo spauracchio per raccogliere voti da parte progressista. Non vi è, fortunatamente, alcun fascismo in atto, semmai un problema culturale che è stato alimentato dalle forze conservatrici e socialdemocratiche, che stanno sradicando la solidarietà tra i popoli e provocando ingiustizia, discordia e dolore.

Serve combattere contro la vigliaccheria e il trasformismo, che si insidiano tra i reazionari ed i "finti" progressisti, in modo da non divenire servi di nessuno, a fianco dei popoli fraterni e solidali: quello italiano, quello greco, quello spagnolo e quello catalano.

Occorre combattere chi vuole i popoli del Mediterraneo divisi e litigiosi, inaffidabili e deboli. Serve combinare la forza del popolo con l'integrità del mondo naturale. Servirebbe, quindi, lasciar fluire la storia e la cultura dalla terra che ha dato origine alla civiltà classica e che è stata tradizionalmente aperta ed accogliente. Nessun nuovo Sacro Romano Impero dovrebbe ostacolare i diritti supremi dei popoli del Mediterraneo, e nemmeno le oligarchie clericali dell'Est Europa hanno il diritto di decretare i destini altrui, di offuscare la dignità del Mediterraneo e lacerare il suo futuro.

Il suprematismo liberale

Tornando poi ai vari tipi di reazionari che possiamo rilevare in Spagna, ben più pericoloso di Vox, a mio parere, è il trasformismo liberal-franchista di Ciudadanos. Ciudadanos è l'unico partito populista nato come centrista, dunque ancora basato su una dialettica fondata sul consenso. Una parte della borghesia spagnola ha visto in Rivera, leader controverso della formazione, un astro nascente alternativo al PP. Se nei primi periodi di vita di Ciudadanos vi era addirittura quel richiamo alla socialdemocrazia, poi abbandonato, ora non di rado vi sono rapporti buoni con l'estrema destra. Dal famoso affare *andaluso* alla scomunica dal mondo macroniano-vallsiano: Rivera non pare essere intimorito, nonostante i suoi voti non stiano affatto crescendo. Una parte dell'elettorato liberale è oggi spaventata enormemente da una deriva così profondamente estremista.

Federico Finchelstein, esperto di storia argentina e di fascismi ha definito apertamente C's *liberista-populista,* mentre diversi altri opinionisti hanno sottolineato come non ci siano poi tante differenze ormai tra la creatura naranja e gli estremisti di Abascal. Se Abascal fosse nato anti-clericale sarebbe stato chiaramente un Rivera, ma per il resto il rapporto che vi è tra i due è di chiaro amore-odio. Piccoli bisticci da condominio, nulla di più: Vox accusa C's di essere la quinta colonna di Macron in Spagna, quando Rivera ascolta Macron quanto Renzi ascoltava Orlando.

C's ha di fatto rimosso tutti i riferimenti alla socialdemocrazia e ha posto a Sànchez punti che Franco stesso sarebbe orgoglioso di lui. L'odio anti-catalano, che mescola federalismo europeo e nazionalismo, è indice di come l'Europa sia tutt'altro che garante dell'autodeterminazione dei popoli. L'Europa (occidentale) stessa non aveva minimamente toccato Franco durante la Guerra Fredda, perché era sconveniente mettere in discussione un regime apertamente antisovietico. La classe dirigente franchista né è mai stata equamente processata, né Franco è stato mai criticato in modo netto dai parlamentari del PP. Nonostante ciò, molti spagnoli hanno mantenuto un giudizio severo nei confronti di Franco, che molti italiani nei confronti del Duce oggi non hanno. La memoria di quel terribile passato sfiora ogni angolo di Barcellona in cui i martiri del POUM e della CNT chiedono ancora giustizia.

Il *suprematismo liberale* di Rivera ha fatto in modo che C's sia il partito più odiato in Catalogna, con posizioni che in quanto ad oltranzismo hanno spesso sorpassato i popolari. La figura ingombrante di Rivera, che da un lato è intenzionato a preservare l'unità etno-linguistica dello Stato spagnolo ma dall'altra sostiene il post-nazionalismo europeo, è carica di vergogna ed ipocrisia. C'è anche da dire che un eventuale spostamento al centro di C's può essere alquanto utile per togliere voti al PSOE, il cui leader in quanto a megalomania compete tranquillamente con Rivera. L'egocentrismo di Sánchez è però diverso da quello di Rivera: il primo si propone come il saggio, il mite, quello *che sa tutto lui,* mentre il secondo è più irascibile, grossolanamente ingombrante e non di rado improponibile.

In entrambi i casi troviamo quell'atteggiamento paternalistico figlio della transizione, per cui il leader vuole bene a tutti in nome dell'unità dello Stato e della Corona. Questa idea, poi incompatibile con i principi della società organica di cui il maestro Bookchin parla, avvelena oggi la società spagnola e ostacola la radicalizzazione della democrazia.

V. La crisi e l'autodeterminazione dei popoli

Catalogna: terra di rivoluzione

Nella caserma Lenin di Barcellona, il giorno prima del mio arruolamento fra i miliziani, ne vidi uno, italiano, ritto davanti al tavolo degli ufficiali.

> *"Era un giovanotto dall'aspetto rude, sui venticinque o ventisei anni, capelli biondo-rossicci e spalle possenti. Il berretto di cuoio a punta gli calava fieramente su un occhio. Lo vedevo di profilo, il mento sul petto, mentre osservava con un cipiglio di perplessità una carta geografica che uno degli ufficiali aveva dispiegata sulla tavola. Qualcosa, sul suo volto, mi commosse profondamente. Era il volto di un uomo che avrebbe commesso un omicidio, gettato via la propria vita per un amico: il tipo di faccia che aspettereste in un anarchico, anche se con ogni probabilità egli era un comunista."*

> *(George Orwell, Omaggio alla Catalogna)*

Così le parole di uno degli scrittori che hanno segnato la letteratura novecentesca aprono una discussione sull'esperienza bellica che aveva stravolto l'Europa e la penisola iberica. George Orwell, militando tra le fila del POUM, che ha combattuto al fianco degli anarchici, descrive perfettamente lo stato di abbandono da parte della stampa mainstream. La sua sacrosanta battaglia contro il mostro franchista e il ripudio della miseria dello stalinismo hanno affascinato generazioni di utopisti desiderosi di trasformare il mondo in un posto migliore. Orwell sa perfettamente che il marxismo, se non declinato in senso consiliarista (come farà la CUP), conduce al centralismo e all'oppressione degli ultimi. Le radici consiliariste, assembleariste e neo-spartachiste si riscontrano tanto nella CUP quanto nella buona volontà dei militanti per la libertà della Catalogna, che è anche la nostra libertà, la mia libertà.

Orwell ha più volte messo in guardia da ogni forma di dominio dell'uomo sull'uomo e ha rivelato con sano cinismo il pericolo del dominio dello Stato, che nel nome dei totalitarismi neri e rossi ha annullato l'individuo e la libera comunità. Stalinismo e neo-liberismo sono due facce della stessa medaglia anti-ecologica ed anti-libertaria. E in entrambi i casi troviamo l'umiliazione dell'uomo comune, ridotto a servo del Dio Denaro o della Dea Burocrazia. Non solo Orwell, ma pure il maestro Bookchin si era espresso senza alcun esitazione su questo tema:

> *"La bandiera rossa del socialismo marxista avvolge ormai una bara piena di miti che inneggiano alla centralizzazione politica ed economica, alla razionalizzazione industriale, alla teoria semplicistica del progresso lineare, all'atteggiamento fortemente antiecologico, e tutto questo in nome del radicalismo di sinistra. Ma nonostante la bandiera rossa, è pur sempre una bara. E i miti in essa contenuti hanno tragicamente allontanato il pensiero e l'azione sovversiva dei generosi ideali di libertà della prima metà del diciannovesimo secolo."*

Oppure:

> *"[...] non meno importante, il "socialismo scientifico" di Marx avrebbe contribuito, in tandem con la borghesia, allo smantellamento dell'obiettivo principale del progetto rivoluzionario, insieme alle sue premesse ideologiche, grazie al fatto di giustificare l'assorbimento delle comunità decentrate in seno allo Stato centralizzato, il dissolvimento delle concezioni federative in seno alle nazioni scioviniste , lo snaturamento delle tecnologie a misura umana a favore dei sistemi fagocitanti della produzione di massa."*

Bookchin ed Orwell parlano dunque una lingua simile, anche se il primo è più vicino all'eco-anarchismo e il secondo al trotskismo. Ma l'ammonimento che possiamo estrapolare dai loro insegnamenti si decodifica come un invito alla libertà e all'autodeterminazione dell'uomo e della comunità in cui vive.

Oggi i militanti per la libertà della Catalogna hanno nemici quasi più pericolosi dell'imperialismo castigliano. Per quanto quasi tutti i partiti catalani siano europeisti, eccetto la CUP, la Germania e buona parte delle oligarchie europee hanno fatto ben poco per venire incontro alle legittime aspirazioni di un referendum popolare. Fa sorridere che un paese storicamente frammentario ed incline ad un modello federale come la Germania tenda la mano verso l'oppressione spagnolista-statalista, che chiamerò sempre *spagnolista* e mai *spagnola,* in quanto ciascun popolo mediterraneo ha pari dignità a tutti gli altri. La Francia e l'Italia ancor meno mostrano segni vaghi di supporto e solidarietà. La prima ha ancora accesa la *questione corsa,* dove l'autodeterminazione (in chiave autonomica o indipendentista) è stata sollevata in diverse occasioni. La seconda ha sacche di autodeterminazione sarde e venete. Il 10 gennaio 2018, tra l'altro, la Corsica è diventata una collettività territoriale, con la benedizione teorica di Edmond Simeoni, uomo brillante, sostenitore del ripudio sia dell'inquinamento quanto del centralismo. Egli, a differenza dei catalani, preferisce la via dell'autonomia, che reputa più decisiva contro lo Stato centralistico, della creazione di un altro Stato, che non sarebbe esente dalla medesima deriva. Ciò che accomuna, però, il sentimento corso e quello catalano è la comune tendenza al pacifismo e alla disobbedienza gandhiana. La via per raggiungere una Corsica democratica, popolare, ecologista e femminista è stata dunque aperta sia da Edmond, che dal fratello maggiore Max, anch'egli autonomista.

Anche la Nuova Caledonia, tra l'altro, è stata oggetto a sua volta del dibattito su centralismo ed indipendenza che ha coinvolto la repubblica di Macron.

La Catalogna è una delle nazioni più antiche d'Europa e chiaramente le sue rivendicazioni non sono una novità degli ultimi anni. Anzi, se vogliamo risalire alla causa prima che ha portato successivamente al contenzioso, dobbiamo andare secoli indietro.

L'assedio di Barcellona fu una delle operazioni militari che si svolsero tra il 9 luglio del 1713 e il 12 settembre del 1714, nel corso della guerra di successione spagnola. Esso si concluse con la sconfitta dell'esercito catalano della Coronela, sostenitore degli Asburgo, e l'eliminazione delle leggi territoriali da parte di Filippo V di Spagna. La Diada, ossia la festa nazionale che attrae indipendentisti ogni anno, si celebra l'11 settembre per commemorare i martiri per la libertà, che da quel giorno fu definitivamente perduta.

I nazionalisti catalani hanno più volte provato a fare pressione sulla Corona per apportare delle modifiche costituzionali: seppur vi sia la concessione di ampie autonomie, la Spagna non è mai stata una federazione. Solo eliminando l'articolo 155 vi potrebbe essere la possibilità di superamento del *federalismo asimmetrico,* che appare profondamente ingiusto e che il popolo catalano è costretto a patire.

Un'altra soluzione alternativa all'indipendenza pura sarebbe una confederazione o una sorta di modello ispirato al Commonwealth britannico: il principale ostacolo in questo caso sarebbe la dinastia regnante vera e propria. I catalani credono infatti che ci sia troppa continuità, a mio parere a ragione, tra il Franchismo e le oligarchie borboniche. Più dell'idea stessa di un monarca, sono proprio i Borbone ad essere stati storicamente dei sovrani scarsamente apprezzati, e ancor meno in Catalogna. Ovunque costoro abbiano governato lo hanno fatto con il disprezzo delle minoranze, con la ricerca di una ideale uniformità etno-linguistica e con tendenze centralistiche anti-democratiche.

Quando venne scritto lo statuto di autonomia della Catalogna nel 1979, alla cui realizzazione parteciparono sette relatori, tra cui il comunista catalano Jordi Solé Tura, vi era quella sensazione da parte degli spagnoli (con l'ombra dell'articolo 155) di essersi sbarazzati per sempre delle aspirazioni di questo popolo. Di aver, insomma, messo a tacere la storia.

Ma non fu affatto così

Il desiderio dell'indipendenza fu tra l'altro fatto rinfocolare dal PP, che, con le sue politiche, continuò a saccheggiare lo statuto di autonomia del 2006, successivo a quello di Tura, creando una sempre maggiore insofferenza a Barcellona. La goffaggine e la corruzione del PP, l'intervento poliziesco che si ebbe durante il referendum del 1 ottobre e le continue minacce di commissariamento sono state la miccia più esplosiva nei confronti del indipendentismo di questo popolo. La retorica di cui ha fatto utilizzo il PP era apertamente liberticida, in quanto reputava lo Stato un bene da preservare ad ogni costo e qualsiasi forma di negoziato essenzialmente inaccettabile.

L'atteggiamento del PP mi ricorda molto l'atteggiamento di talune pseudosinistre italiane che vogliono voti dando degli ignoranti agli elettori. Allo stesso modo il retaggio franchista dei popolari ha pensato di risolvere la questione liquidando tutti i manifestanti come golpisti e pretendendo che tutto quanto venisse messo a tacere. Ciò non significa che nessuno dei dirigenti indipendentisti abbia commesso degli errori politici e strategici, ma sicuramente l'azione razzista prima del PP e poi di PSOE e C's ha portato ad un rancore contro lo spagnolismo-suprematista da non sottovalutare.

Il nazionalismo catalano, d'altra parte, non deve odiare il popolo spagnolo in quanto tale, dal momento che la rivoluzione panmediterranea passa anche attraverso di esso. La formula migliore per sottolineare la dimensione civile, non etnicista e progressista del nazionalismo catalano è quella del dottor Jordi Pujol:

è catalano chi vive, lavora in Catalogna e lo vuole essere

Non esiste dunque una razza catalana e non dovrebbe esistere un suprematismo catalanista, ma semplicemente un diritto inalienabile di autodeterminazione, destinato a rafforzare il fronte dell'Europa meridionale.

L'establishment europeista si è dimostrato inaffidabile, con un rifiuto misto ad indifferenza e disgusto da parte di Juncker e Tajani di considerare la Catalogna come un affare comunitario, seguendo la retorica spagnolista-suprematista del *facciamo tutto noi*. Anzi, se vogliamo proprio essere sinceri solo gli sloveni si sono ritirati dalla narrativa mainstream, dichiarandosi preoccupati dell'uso sistematico della violenza, dalla barbarie contro i civili e auspicando una soluzione pacificamente bilaterale.

Se è vero che l'establishment europeo popolar-socialdemocratico ha inseguito in massa Rajoy, ciò non significa che tutti gli europarlamentari abbiano manifestato opinioni spagnoliste-suprematiste e stataliste. Il gruppo dei Verdi o la Linke tedesca hanno mostrato una vicinanza alla leadership catalana, colpevole di aver chiesto un'opinione politica mediante referendum. Addirittura ci furono delle inimicizie proprio tra Lubiana e Madrid, a seguito di questo caso: il tentativo di Rajoy era essenzialmente quello di allineare tutti i membri UE alla necessità intoccabile di ripristinare l'onore dello stato spagnolo. Una strada percorsa in modo barbarico anche dal socialista Sànchez, nella speranza che accada un qualche miracolo che improvvisamente faccia insabbiare tutto. Ma dagli eventi del 1 ottobre la classe dirigente spagnola non ha fatto altro che aprire la ferita, anziché provare in qualche modo a facilitarne la coagulazione. Ciò nel lungo termine porterà al crollo del centralismo europeista e spagnolista, per condurre possibilmente ad un'Europa delle nazioni e delle libere comunità.

L'Unione Europea dimostra la stessa vigliaccheria in una crisi politica, quella catalana, quanto in una crisi economica, quella del 2008:

ad entrambi i banchi di prova ha fallito in maniera pietosa, difendendo le oligarchie statocentriche nella prima situazione e le oligarchie bancarie nella seconda che ho citato.

Ma nonostante questo, la maggior parte degli indipendentisti (non io) rimane convintamente europeista, perché continua a credere idealisticamente in un'Europa diversa da quella che li ha abbandonati e derisi mentre venivano presi a manganellate dalla forza bruta dello statocentrismo borbonico.

La Carta delle Nazioni Unite, al Capitolo I, articolo I, paragrafo 2, individua come fine di tale organizzazione:

> *"Sviluppare tra le nazioni relazioni amichevoli fondate sul rispetto e sul principio dell'eguaglianza dei diritti e dell'autodeterminazione dei popoli."*

Diverse sono le convenzioni internazionali a cui il popolo catalano si può appellare, tra cui il Patto internazionale sui diritti civili e politici stipulato nel 1966. Oppure, ancor meglio, la Conferenza per la Sicurezza e la Cooperazione in Europa, nell'Atto Finale di Helsinki del 1975

> *"28. Gli Stati partecipanti rispettano l'eguaglianza dei diritti dei popoli e il loro diritto all'autodeterminazione, operando in ogni momento in conformità ai fini e ai principi dello Statuto delle Nazioni Unite e alle norme pertinenti del diritto internazionale, comprese quelle relative all'inte-*

grità territoriale degli Stati. 29. In virtù del principio dell'eguaglianza dei diritti e dell'autodeterminazione dei popoli, tutti i popoli hanno sempre il diritto, in piena libertà, di stabilire quando e come desiderano il loro regime politico interno ed esterno, senza ingerenza esterna, e di perseguire come desiderano il loro sviluppo politico, economico, culturale e sociale. 30. Gli Stati partecipanti riaffermano l'importanza universale del rispetto e dell'esercizio effettivo da parte dei popoli dei diritti eguali e dell'autodeterminazione per lo sviluppo di relazioni amichevoli tra loro come tra tutti gli Stati; essi ricordano anche l'importanza dell'eliminazione di qualsiasi forma di violazione di questo principio."

Catalogna e Catalanismo

Il sentimento catalanista mescola lingua, cultura e letteratura, e può essere considerato antico tanto quanto la nazione catalana. Nel 1879 si arriverà, tra l'altro, a pubblicare il *Diari Català*, fondato da Valentí Almirall, ossia il primo giornale completamente in catalano. Dai drammi teatrali alla filosofia e ai sentimenti, la lingua catalana venne utilizzata per sottolineare il rapporto amorevole che si aveva con la propria terra. L'unico genere che ha mostrato una resistenza notevole al catalanismo fu senza dubbio quello del romanzo, per una serie di motivi complessi. Si può dire che, però, sulla scia del Romanticismo europeo, anche il catalanismo si sia decisamente rinvigorito. La poesia *La pàtria*, ad esempio, risale al 1833 e mescola patriottismo, malinconia e voglia manzoniana di coscienza unitaria. Lo strumento letterario, non di rado, sarà utilizzato da molti catalanisti per riuscire a sfuggire dalla tenaglia dell'imperialismo culturale castigliano. Sarà proprio il già citato Valentí Almirall a convocare nel 1880 il primo Congresso catalanista, a cui ne seguirà un secondo alla sola distanza di un anno. Imperterrito sostenitore del federalismo, sempre Almirall pubblicherà nel 1886 *Lo catalanisme* in cui si pone l'accento sull'indipendenza linguistica, causa prima del bisogno di autonomia politica. Purtroppo i successori di Almirall si dimostrarono molto più litigiosi ed inclini a dispute interne, piuttosto che a fare l'interesse del popolo catalano.

L'onda del catalanismo crescente non riuscì però ad arrestarsi, a tal punto che ne nacque la moderna *estelada* catalana, ossia la bandiera nazionale attuale. Chiunque tra voi, cari lettori, abbia mai osservato una estelada avrà notato la somiglianza notevole con la bandiera cubana: non si tratta di un caso. La prima estelada fu infatti realizzata nel 1898, in cui essa venne confezionata nel centro catalanista di Santiago de Cuba da nazionalisti catalani che erano andati a sostenere l'indipendenza dell'isola. Tra l'altro, non tutte le estelade hanno la stessa colorazione e spesso il colore del vessillo viene utilizzato per veicolare particolari messaggi politici, un po' come la *kefiah* utilizzata dalla resistenza del popolo palestinese.

La diffusione sistematica della estelada si ebbe però solo nei primi anni del Novecento, in cui si afferma la classica *estelada blava*, sfoggiante un triangolo blu. Oggi le principali formazioni della sinistra sinistra radicale catalana, come ad esempio la CUP, tendono ad utilizzare la variante detta *roja, groga* o *vermella*. Quest'ultima comparirà solo nel 1969, mentre bisognerà aspettare fino agli anni 2000 per rilevare la presenza della *estelada verda*, la preferita da me e dai movimenti ecologisti.

Per quanto riguarda il catalanismo politico, lasciando l'aspetto letterario ed artistico-intellettuale, è necessario specificare come non sempre l'idea catalanista coincida con l'indipendentismo. Possono essere rintracciabili segnali di catalanismo anche in personaggi che non sono dichiaratamente indipendentisti (come Asens) oppure che sono fermamente anti-indipendenza (come Valls). Queste fratture tra catalanismo moderato, catalanismo indipendentista e catalanismo federalista erano state messe da parte per poter vincere le elezioni regionali del 1907, ricorrendo a quello strumento che è la coalizione: fu il trionfo della *Solidaritat catalana*.

Questo matrimonio non sarà molto lungo perchè le dispute riprenderanno e le componenti si riscinderanno senza troppi indugi. Sicuramente uno dei difetti del catalanismo delle origini era proprio questa continua discordia interna, per cui ciascuno si riteneva il messia in terra dell'*unica verità catalana*. Tornando al mio caro Medio Oriente, a mio parere, un problema simile era riscontrabile (e lo è ancora) all'interno di molti movimenti nazionalisti palestinesi. C'è da dire, però, che questa discordia delle origini pare essere stata ridimensionata dai catalanisti pro-indipendenza di oggi. Questo è dimostrabile con uno storico accordo che Junts ha stretto con la CUP, e mostra come il collante Puigdemont sia forse più forte di quello che fu Arafat per il popolo levantino. I militanti della CUP, attualmente, non esitano a dichiarare la loro fedeltà al *presidente Carles* nonostante due visioni della Catalogna praticamente agli antipodi. L'amor per la propria terra e la libertà ha messo da parte tali divergenze, che ormai non toccano più il cuore nazionalista della classe media catalana, ancor più ribelle del sottoproletariato, logicamente due volte oppresso.

Ad oggi, le argomentazioni giuridiche della borghesia indipendentista catalana sono state sempre prepotentemente ignorate dai potentati borbonici. Paradossalmente la Spagna cerca di affossare i valori della Rivoluzione Francese, richiamandosi a quelli antecedenti della Pace di Westfalia, come se il 1789 fosse una data casuale e dimenticata dalla storia. Si tratta in questo caso dell'idea *dell'integrità territoriale dello Stato* che viene spesso rinfacciata come pretesto quando in sede internazionale qualcuno osi mettere in discussione le fondamenta giuridiche dello spagnolismo borbonico e dell'imperialismo castigliano.

Vi è da dire che non è solo il nazionalismo spagnolo a voler evitare a tutti i costi la nascita della Repubblica catalana, ma è pure l'imperialismo tecnocratico-monetario dell'Unione, per una ragione di carattere economico:
la UE non vuole che la Catalogna indipendente esca fuori dell'eurozona, e neanche la maggioranza dei catalani lo vorrebbe. Tuttavia, l'ingresso di un'eventuale Catalogna indipendente nell'Unione richiederebbe una procedura in cui servirebbe pure l'accettazione della monarchia borbonica, membro UE. E sapete benissimo che per lo spagnolismo-suprematista sarebbe l'ultima sponda di ripicca.

Questo, ahimè, nonostante molti, anzi la maggioranza dei catalani, sia convintamente europeista, senza poi accorgersi del disprezzo da parte di multinazionali e aziende sia estere che (e ciò mi disgusta) catalane che vorrebbero svendere la propria terra per il mercato comune. Molte aziende catalane hanno già iniziato a spostare le loro sedi altrove, con la complicità dell'Unione e dello Stato spagnolo, mostrando ancora una volta la validità delle teorie di Mouffe e Laclau:

Proprio in luce di questo motivo, è impensabile concepire la
liberazione della Catalogna come distaccata dalla sollevazione di
tutti i popoli oppressi da Cipro a Lisbona. Il Dio Denaro e la Dea
Burocrazia hanno conquistato il cuore di taluni catalani, più della
giustizia sociale, dell'amor per le terre mediterranee e della lotta
contro il *dominio dell'uomo sull'uomo.*

La liberazione della Catalogna è parte di un grande puzzle, com-
prendente la sollevazione di tutti i popoli oppressi. Così che la rinascita econazionale e libertaria dei popoli mediterranei potrà essere
di ispirazione all'umanità intera.

*La liberazione della Catalogna è una forma nobile di liberazione
dal dominio*

Quante catalogne?

Pensare alla Catalogna e alla cultura catalana come qualcosa di
legato solo a Girona e Barcellona è un grave errore: il catalanismo si
estende oltre la Catalogna propriamente detta e la rinascita econazionale dei popoli mediterranei passa anche per i territori valenzani
e balearici.

Da un punto di vista economico i Paesi catalani sono il motore
dell'economia dello Stato spagnolo, nonostante siano anche tra i
territori meno adeguatamente finanziati. Il prodotto interno lor-
do dello Stato spagnolo in caso di una secessione massiva di tutti
questi territori ne uscirebbe assolutamente straziato. Il suprema-ti-
smo spagnolista-borbonico, oltre ad essersi dato la zappa sui piedi
facendo aumentare a dismisura il risentimento della popolazione,
ha iniziato a sviluppare un terrore tremendo che l'indipendentismo
potesse estendersi a macchia d'olio anche alle altre piccole catalo-
gne. In questi territori, laddove ha messo mano il PSOE, il PP o ancor peggio C's, si è sviluppata una pesante *catalanofobia:* talvolta

ci furono delle modifiche legislative volte a ridimensionare il catalanismo e ad impedire l'insegnamento della lingua nelle scuole. A testimoniare ciò, parecchie sono le fonti, come *Catalanofòbia, el mal invisible d'Espanya.*

Nella retorica del borbonismo suprematista la Catalogna dispone di un apparato mediatico massivo, le scuole catalane sono per definizione ispanofobe, i giovani ragazzi indottrinati da TV3 e simili, un po'come la retorica berlusconiana che per anni ha infangato l'Italia dicendo che *tutta l'istruzione fosse in mano ai comunisti,* come pure la magistratura (le famose *toghe rosse*). Tutta questa abnorme falsità da parte dei media vicini ai popolari e a C's, si è spinta al punto da accomunare l'informazione catalana a quella sovietica e/o nazifascista. Così facendo lo Stato spagnolo prova ad inculcare la visione manichea della Spagna (la Corona e i suoi alleati) contro L'Anti-Spagna (i repubblicani podemiti e partiti regionalisti-indipendentisti). Tutto ciò che è Anti-Spagna viene bollato come deviazione e minaccia all'integrità territoriale dello Stato, indipendentemente dell'etnicità degli attivisti (repubblicani castigliani e rivoluzionari catalani).

Il nazionalista catalanista Joan Fuster è uno dei primi a cercare di rilanciare il sentimento pancatalanista. Noto per il saggio storico *Nosaltres, els valencians,* riuscì a salvarsi da ben due attentati anticatalanisti, senza nemmeno essere ferito. Le idee pancatalaniste, che estendono la cultura catalana a territori con una certa dose di diversità, raggiungeranno Andorra, le Baleari, la Frangia d'Aragona e la città di Alghero in Sardegna.

Si può dire che la posizione del Fusterismo sia interessante in quanto distante sia dai particolarismi valenzani che dal barcellonismo. Nella *Questione di nomi* Fuster rigetta l'idea della *Grande Catalogna* ma non approva l'unicismo balearico-valenzano. Quella di *Paesi catalani,* dunque di una *nazione di stati,* appare come la definizione più corretta e rispettosa dell'unità e della diversità. A mio parere, una delle motivazioni che arrivò a spingere Fuster verso l'ipotesi pancatalanista, fu l'idea di indirizzare il nazionalismo valenzano verso il campo democratico e progressista. Troppe erano le infiltrazioni neo-franchiste nel nazionalismo valenzano, che avrebbero potuto compromettere l'essenza della democrazia. Il Valenzanismo di destra è sempre stato colluso con forze vicine al PP e a C's e, frequentemente, ha cercato di arginare il catalanismo con ancor più violenza dell'imperialismo castigliano-borbonico.

È chiaro che il PP e Ciudadanos abbiano già l'acquolina alla bocca quando rafforzano i legami con i nazional-reazionari valenzani, poiché avere tale Comunità in mano da gestire come fantoccio per rafforzare il borbonismo-suprematista sarebbe un traguardo enorme per le forze anti-repubblicane.

Galizia ed Euskadi: gli altri nemici dello statalismo

La Corona borbonica può fare ancor meno sonni tranquilli, considerando che a sostenere i catalani ci sono stati spesso anche i fratelli baschi e galleghi, nonostante questi ultimi movimenti abbiano agito in modo diverso e con un grado di supporto popolare differente.

Intense sono state le relazioni del popolo catalano con gli amici della Galizia, a tal punto che il catalanista Almirall ha spesso ricevuto degli elogi anche da parte dell'indomita piccola borghesia gallega. Vi è da dire, però, che la lotta al centralismo da parte dei nazionalisti galiziani non ha avuto la stessa intensità di quella del popolo catalano. Ci sono delle differenze socio-economiche non da poco, dal momento che la società catalana maggiormente ricca e con un maggior dinamismo, ha uno strato piccolo borghese più florido al nazionalismo. La società galiziana è invece prevalentemente contadina ed è normale che sia un substrato meno reattivo a rivendicazioni di questo tipo. La fatica maggiore del nazionalismo gallego ad uscire fuori dalla cerchia degli intellettuali non deve però essere considerata come un impedimento stratosferico: esperimenti come quello del *BNG* potrebbero a lungo consolidarsi nello scenario politico regionale.

Nella storia recente il grande problema dei fratelli galleghi è stato quello di dare troppa attenzione alla sacra retorica della liberazione della Catalogna, senza però passare troppo tempo a studiare un modo per conquistare le masse contadine. In questo modo, ci sono stati momenti in cui il galizianismo ha mancato di pragmaticità, avendo eccessivamente il binocolo puntato sul *sogno dell'emulazione*. Bisognerà aspettare gli '60 del Novecento per assistere alla nascita di un nazionalismo gallego finalmente non troppo emulativo del catalanismo di Almirall. La contaminazione marxista sarà in questo caso notevole e porterà a scegliere come modelli i palestinesi o gli altri nazionalismi anti-coloniali.

Sarà il primo tentativo vero di avvicinare alle masse contadine il pensiero nazionalista, nonostante eccessive influenze marxiste, che io non approvo, abbiano avuto un certo peso nel forgiare questa nuova coscienza gallega.

Personalmente, lo dico da indipendentista catalano, mi infastidisce come certi settori della borghesia catalana vedano i fratelli galleghi come dei bambini alle prime armi piuttosto che come alleati ad armi-pari. Perfino Esquerra, che dovrebbe essere di sinistra, non sempre ha avuto grande considerazione del nazionalismo gallego: Josep Tarradellas, di ERC, si era riferito ai galizianisti come un'armata *di scrittori* a mio parere peccando troppo di superbia, seppur con un certo fondo di verità.

L'intellettualismo, la costante ricerca di un modello, il distacco tra realtà e teoria, i cambiamenti geopolitici sia iberici che internazionali, hanno portato il galizianismo a non ricevere la giusta spinta propulsiva. Eppure, sono convinto che presto potrebbero venire momenti migliori.

Diversa è la storia del popolo basco, e mi pare che oggi stiano facendo un eccellente lavoro i nazionalisti radicali di EhBildu. Il popolo basco rappresenta ancora oggi un argine oltre-ideologico al Franchismo, in quanto molti Baschi, cattolici e tradizionalisti, imbracciarono le armi per difendere la loro terra ai tempi della Guerra Civile, non sottostando alla narrativa di Franco difensore dei valori di Gesù Cristo.

Tra l'altro lo stesso PNV, considerato principale partito della destra basca, ha fatto frequentemente delle politiche socialdemocratiche, mostrando come tutto il popolo basco, conservatore e progressista, sia attento alla dimensione della Comunità, cercando di ridurre al minimo la spinta egoistica dell'uomo comune. Gli eventi polizieschi che hanno ferito il popolo catalano avevano fatto peggiorare i rapporti tra il PNV e il governo Rajoy, rafforzando l'idea di una riforma urgente del titolo VIII della costituzione del 1978. Il fatto che il padre del PNV, Arana, abbia ricevuto una formazione prettamente cattolica, mostra come vi siano grandi differenze interne al movimento nazionalista basco. In contrapposizione al nazionalismo cristiano si è diffuso poi il concetto di *sinistra abertzale,* usato dei media spagnolisti-borbonici come un dispregiativo per accusare la vicinanza al movimento terroristico ETA. La sinistra *abertzale,* che annovera EhBildu tra le sue emanazioni, mescola nazionalismo, socialismo e anticolonialismo in modo più marcato rispetto al nuovo-nazionalismo gallego che ho precedentemente citato. La stessa parola *abertzale* è traducibile con *patriota,* e il prefisso *abertz* è riscontrabile in diverse forze politiche radicalmente progressiste. Alle elezioni europee del 2019, EhBlidu riesce anche ad ottenere un europarlamentare grazie ad una lista denominata Ahora Repùblicas, che insieme ad Esquerra e al Bloque gallego ottiene il 5,58% dei voti.

L'attuale composizione di EhBildu comprende i socialdemocratici di Eusko Alkartasuna e le forze socialiste di Alternatiba, Aralar e Sortu. Occorre che il cammino di queste forze sia sempre prospero e che i Baschi dalle loro province montuose possano insegnare agli europei del Sud a liberarsi dalle catene dell'oppressione capitalistico-burocratica.

Parlando invece dei rapporti tra nazionalismo basco e catalanismo, è innegabile che ci siano delle profonde convergenze, ma anche differenze non trascurabili. Sabino Arana, padre del nazionalismo basco tradizionale, ha studiato diritto a Barcellona, rimanendo colpito dal potere persuasivo del catalanismo. Mentre il catalanismo delle origini, come ho detto, è stato un movimento spiccatamente culturale, il PNV di Arana ha più volte rischiato una deriva etnicista o perfino razziale. L'influsso clericale del pensiero di Arana non è sicuramente paragonabile alla moderna retorica di EhBildu.

Sia il popolo basco che quello catalano subirono persecuzioni sotto il Franchismo. Se la Catalogna ebbe il suo statuto nel 1932, i Baschi lo ottennero nel 1936, mentre quello gallego non fece in tempo ad essere approvato causa scoppio della Guerra Civile, venendo ratificato da esuli in Messico nel 1945. Il forte intreccio tra i due popoli lo si poté intravedere anche nel momento in cui Bilbao cadde in mano alle forze di Franco e il governo basco autonomo ebbe sede proprio a Barcellona. L'atteggiamento dei socialisti castigliani fu alquanto vigliacco, dal momento che promisero il loro supporto all'autodeterminazione di questi due popoli durante l'opposizione al Franchismo, salvo poi rimangiarsi tutto quanto per inghiottire i dogmi della transizione borbonica. Al XXVIII Congresso socialista fu addirittura messo da parte qualsiasi minimo richiamo al concetto di autodeterminazione, tant'è che il PSOE si è mostrato spesso più repressivo dello stesso PP. La vigliaccheria del PSOE si inserisce nella tradizione delle socialdemocrazie decadenti europee: ovunque esse si trovino hanno fatto da sponda ad ogni tipo di potere forte, che sia capitalistico, burocratico, statalista od etnicista.

Una differenza non da poco tra la Euskadi e Catalogna è sicuramente di carattere economico: la Catalogna non ha la stessa autonomia in termini finanziari dei Paesi baschi e della provincia di Navarra. Il regime tributario catalano non è infatti basato sullo stesso testo di *convenio econòmico* che ha una storia molto antica.

Una somiglianza che si può riscontrare è poi il ruolo centrale delle forze moderate (Junts e PNV), le quali devono confrontarsi con i partiti politici alla loro sinistra (EhBildu ed Esquerra), che propongono una versione socialista del nazionalismo. Questo, senza dimenticare quella tendenza di Esquerra alla moderazione, che, a mio parere, è stata caratteristica proprio degli ultimi anni.

Ormai, se c'è un partito di sinistra antagonista con una buona dose di credibilità quello è la CUP, che vuole liberare la Catalogna nel nome della solidarietà e del socialismo: la liberazione dei popoli del Mediterraneo passa anche attraverso di loro.

La tecnocrazia e il fallimento dell'Europa dei popoli

Quello che oggi sta accadendo in Catalogna mostra come l'Europa dei popoli non sia mai esistita, ma che l'inettitudine e la stupidità non siano tanto propri dei movimenti populisti che stanno sorgendo un po' ovunque, ma delle oligarchie elitarie che dettano legge in Europa con la complicità dei dominatori spagnolisti-borbonici. Come ho già detto, non è possibile combattere contro l'oppressione borbonica senza toccare il capitalismo: la dichiarazione di indipendenza del 27 ottobre ha portato 1700 imprese a spostare la loro sede fuori dal territorio catalano. L'11% delle aziende aveva aperto conti correnti fuori dalla Catalogna e molte avevano sospeso gli investimenti. Ma la spocchia più vergognosa nei confronti della dignità del popolo catalano fu quella del Fondo Monetario Internazionale che commentò con le seguenti parole:

> *"[...] alla lunga, le tensioni politiche in Catalogna possono pregiudicare la fiducia di investitori e consumatori."*

Jean-Claude Juncker disse nel frattempo non *possiamo fare niente per voi* mentre Donald Tusk definì la Spagna *unico interlocutore possibile* formando un bel gruppetto a cui si unirono Antonio Tajani, Emmanuel Macron, Mark Rutte ed Angela Merkel. Questa sorta di *confraternita della vergogna* benedetta dalle banche spagnole, dal re e da metà dei popolari europei si prendeva gioco del sentimento europeista (sincero) che a volte invidio ai sempre idealisti compagni catalani.

È poi singolare come una struttura sovranazionale per definizione si preoccupi dell'integrità territoriale dei propri Stati, ma non dei diritti del proprie Nazioni. Un esperimento che quindi potrei definire *interstatalista,* oltre che imperialista e razzista nei confronti dei paesi del Sud. Paradossalmente ci troviamo di fronte ad una struttura che ci chiede non solo di rinunciare alle nostre sovranità nazionali ma pure di opprimere le nazioni altrui.

Non è la mancanza della solidarietà che distruggerà l'Europa, ma è la richiesta dell'anti-solidarietà

Tra l'altro, se vogliamo guardare i politici che hanno mostrato una vicinanza al popolo catalano, due sono i nomi celebri: il belga Charles Michel e l'ipocrita Matteo Salvini. Quest'ultimo, poi messo tacere da Abascal, sarà lo stesso manderà gli auguri di buona fortuna agli *amici di Vox,* quelli che in Catalogna manderebbero i carri armati e farebbero riesumare la salma di Franco se ne avessero la possibilità.

Se vogliamo aggiungere nomi all'infamia dell'Europa nei confronti del popolo catalano, possiamo citare Margaritis Schinas, che dalle messe della Commissione, parlava di *misure all'interno della legalità*

Ancor più vomitevoli sono state le parole di Frans Timmermans, che non esitava a dare il proprio sostegno all'establishment borbonico, dicendo che le costituzioni andavano mantenute *in ordine,* nonostante abbia poi sostenuto in modo massivo il referendum costituzionale italiano Renzi-Boschi, che avrebbe distrutto completamente l'Italia.

Dalla Polonia Beata Szydlo dichiarava apertamente *che non intende interferire con le problematiche interne della Spagna,* mentre l'uscente ministro delle finanze tedesco Wolfgang Schaeuble se la cavava con *il rispetto dello stato di diritto e dell'ordine costituzionale*

Dure le parole contro il popolo catalano anche dal ministro francese Nathalie Loiseau e da diverse testate francesi timorose di una reazione a catena delle forze indipendentiste in tutta Europa.

Fortunatamente la sinistra nazionalista irlandese del Sinn Féin, attraverso le parole di Gerry Adams, non fece sconti alla propaganda borbonica e denunciò la frivolezza con cui la comunità internazionale stava ignorando deliberatamente la questione.

La grande borghesia catalana, la UE e la Corona hanno in comune l'annullamento dei diritti degli abitanti del Mediterraneo.

La frattura esistente, ripeto di nuovo, non è tra castigliano e catalano; ma tra imperialismo e mediterranismo.

Mi fido più di un castigliano repubblicano che di un grande padrone catalano: il primo ha il mio stesso obiettivo, il secondo no.

Anche i partiti catalani riconducibili al liberalismo, come Junts, sono odiati dalla grande borghesia catalana e i loro programmi sovranisti (ma non socialisti) sono rivolti esclusivamente al piccolo-medio borghese, non al delocalizzatore seriale. Il dramma del capitalismo contemporaneo è quello di opprimere tanto il piccolo commerciante quanto il bracciante, l'operaio e il contadino.

Per quanto riguarda l'Italia, non si è limitata solo al simpatizzare per Rajoy, ma ha aiutato direttamente a reprimere il catalanismo, permettendo alla Guardia Civil di utilizzare e noleggiare due traghetti per inviare rinforzi via mare. È già la seconda volta che gli Italiani mettono mano per ostacolare le aspirazioni della Catalogna: il Duce stesso disprezzava lo spirito rivoluzionario degli anarchici catalani e aveva inviato rinforzi all'esercito di Franco. Il governo Gentiloni, al tempo succube degli interessi ancor più tedeschi che europei, fece in modo di assecondare servilmente le posizioni della Germania, senza neanche stare a ragionarci troppo.

L'Italia si allineava alle posizioni della Merkel non solo per l'europeismo cieco e vergognoso dell'ultimo governo Gentiloni, ma pure per la paura della cosiddetta *teoria dell'effetto domino*. Secondo questa visione, una secessione avrebbe frammentato a catena l'intero quadro europeo, portando al rafforzamento di tutti gli altri separatisti. Mettere a tacere il popolo catalano, per le oligarchie europee-borboniche, doveva essere da insegnamento a tutte la Nazioni senza stato, un po' come anni prima era stato per la Grecia: punire il paese ellenico per dare una lezione a tutto il Mediterraneo. Reprimere il dissenso con la violenza, dunque, in modo che serva da lezione a possibili altri ribelli futuri.

La volontà punitiva del borbonismo-statalismo-europeismo non fermerà la rinascita econazionale dei popoli mediterranei, ma finirà per rafforzare ancor più questo nuovo fronte popolare fra repubblicani spagnoli, nazionalisti catalani, libertari ed ecologisti greci, italiani, corsi e sardi.

La rinascita econazionale dei popoli mediterranei è vita, libertà, opportunità, dignità, salvezza e solidarietà

Oggi l'imperialismo europeo e quello russo sono pari minaccia ai paesi del Mediterraneo: la Germania, oltre ad essere il simbolo dell'eurocentrismo, ha anche in ballo la *questione bavarese,* per cui sostenere Rajoy era dettato anche da regole di convenienza interna. Tra l'altro, le analogie in questo caso ci sono pure: si tratta in entrambi i casi regioni ricche, dinamiche ed economicamente fertili. La cultura bavarese, tuttavia, fortemente conservatrice, ha poco a vedere con il progressismo catalano. Ma è in Baviera che risiedono industrie strategiche di cui la Germania non può fare a meno:

la Germania risulterebbe più compromessa dalla perdita della Baviera che la Spagna stessa da un'eventuale secessione catalana. In questo clima di interessi economici che si intrecciano tra di loro, il popolo catalano viene sacrificato da un gruppo di persone che detengono il potere con la benedizione della destra e della socialdemocrazia del continente.

Mediterranismo e liberazione della Catalogna

La liberazione della Catalogna come strumento di liberazione dei popoli del Mediterraneo è uno dei punti chiave della rinascita econazionale da Cipro a Lisbona. La Catalogna è *sigillo* del Mediterraneo in quanto posta in una posizione strategica tra le terre ispaniche e i Pirenei. I catalanofoni mostrano caratteristiche diverse, ma una sorta di vivacità interiore e di tendenza all'ospitalità che fa a loro onore. Personalmente, mi è capitato di visitare la piccola Andorra La Vella, osservando una curiosa commistione del catalanismo con la cultura della vicina Francia. L'indole più montanara degli andorrani li rende forse più freddi degli abitanti di Girona e Barcellona.

Liberare la Catalogna dallo statalismo borbonico significa dare ossigeno al Mediterranismo e favorire una convivenza pacifica tra i popoli fondata sulla lotta all'austerità tedesca, alle politiche climaticide e alla pericolosa ascesa dell'estrema destra del continente. Occorre annientare la cultura liberticida e razzista nei confronti dei popoli del Sud, considerati inferiori, nullafacenti e stupidi. L'oligarchia europea razzista e autoritaria ha suscitato un'ondata di indignazione che ha utilizzato i nostri popoli come capro espiatorio: ciascuna colpa economica ricadeva esclusivamente sulle nostre terre, un po' come le destre estreme hanno provato ad ascrivere ai barconi le cause di tutti i mali del mondo.

La liberazione della Catalogna è la liberazione dell'umanità intera dal potere, collante antidemocratico tanto attaccato dagli scritti di Pierre-Joseph Proudhon. Liberare la Catalogna significa *liberare me stesso* come uomo del Mediterraneo, andare in soccorso dei miei simili, non contro i fratelli spagnoli, ma contro la spagnolismo-borbonico suprematista ed etnicista che danneggia anche coloro che sono etnicamente castigliani. I popoli del Mediterraneo vinceranno perché è solo una questione di tempo: anni, decenni o secoli poco importa, quando il *corso della storia* ha insegnato che qualunque terra desiderosa davvero di autodeterminarsi *prima o poi lo farà.*

È una questione di carattere temporale, perché la volontà dei popoli in potenza conduce ad esiti effettivi con l'avanzare del tempo. Il popolo catalano, attualmente, oltre ad avere la volontà necessaria ha individuato la propria leadership inclusiva, quella di Puigdemont, consacrato salvatore supremo della Patria tanto a destra quanto a sinistra, tra le diverse anime dell'indipendentismo. Poi, è chiaro: nel momento in cui vi sarà la solenne liberazione della Catalogna, sarà conseguente anche un inasprimento delle vicende di classe. In nome dell'interesse nazionale e costituente del popolo catalano, sono ora state placate temporaneamente le acque, come è giusto che sia. Mantengo, però, la convinzione che la Catalogna sarà completamente libera solo con il socialismo libertario e il bioregionalismo nazionale. Pongo, tuttavia, fiducia nell'alleanza tra tutto il popolo catalano in nome degli esiliati e dei prigionieri politici e in nome del socialismo e della democrazia radicale.

La fratellanza fra tutti i popoli mediterranei deve costruirsi sui valori dell'antifascismo e dell'autodeterminazione dei popoli, per il repubblicanesimo verde, socialista, democratico e libertario. La Catalogna è parte integrante del processo rivoluzionario: non è una porzione periferica dell'Europa afflitta da riduttive vicende giudiziarie.

Occorre che la mobilitazione dei fratelli greci, portoghesi, italiani e castigliani repubblicani sia il più presto possibile volta alla distruzione dell'imperialismo statocentrico-tecnocratico. Oggi la repressione colpisce la Catalogna, ieri è stata già piegata la Grecia, domani toccherà forse al popolo italiano. Fare finta di non vedere la grave sospensione dei diritti democratici che sta avvenendo in questo universale lembo di terra, vuol dire essere complici del Dio statocentrico-capitalistico-burocratico, che, servendosi della NATO e della Commissione, vuole soffocare le nostre terre con la tossicità del glifosato.
Per la Catalogna e per i popoli del Mediterraneo
Lliure

VI. Grecia: il seme della rivolta

La vittima sacrificale

"Lo Spartano Leonida, essendosi opposto presso le Termopili al grande esercito dei Persiani con trecento cittadini, con il suo valore condusse all'estrema disperazione quel famigerato Serse, non soltanto terribile per le città della Grecia, ma che minacciava anche la rovina per tutte le popolazioni della terra. Infatti il comandante spartano, nonostante fosse stato tradito dalla perfidia e dalla scellerataggine degli abitanti di quel territorio e i nemici fossero passati con l'inganno al di là delle Termopili attraverso un sentiero nascosto, tuttavia cadde combattendo e non abbandonò il posto di guardia assegnatogli dalla patria; prima di quella battaglia incitò a tal punto i suoi con animo fiero da dire loro: "Pranzate così, o commilitoni, pensando che siete destinati a cenare nel regno dei morti". La morte era già stata preannunciata: gli Spartani, su esortazione di Leonida, impavidi andarono incontro alla morte."

Molti di voi, cari lettori, conosceranno questo episodio della storia che ho riportato, che mostra come più volte il popolo ellenico si sia sacrificato per la libertà. Il nuovo sacrificio del popolo ellenico, voluto dalla BCE e dal FMI, è avvenuto con colpe di una certa portata, sia interne, che esterne. Ho scelto di trattare della Grecia per ultima, in quanto forse, dopo aver descritto le altre Nazioni funzionali alla rinascita mediterranea, è bene iniziare a parlare di quella che ne riunisce tutto lo spirito. La Grecia è senza dubbio un piccolo paese, il più povero tra tutti i PIGS(C), nonostante sia il più culturalmente emblematico per la fioritura del mediterranismo. Colpire il popolo greco voleva dire spezzare le gambe all'anello più debole, ed anche in questo caso le oligarchie europee si sono mostrate vigliacche e violente nei confronti dei più deboli. Mentre queste ultime hanno lasciato che l'imperialismo borbonico si cibasse della Catalogna, il loro ruolo nella distruzione della Grecia è stato, senza scrupoli, un coinvolgimento attivo. Questo piccolo paese ribelle andava piegato e fatto morire di stenti, in quanto aveva osato provare a ribellarsi alla dittatura della Troika e del liberismo economico.

Quando, dopo anni di sofferenze, la Troika si è decisa a lasciare la Grecia, l'immagine che ne rimaneva pareva quella di un paese spremuto, con le pensioni e i servizi ridotti all'osso e le lacrime ancora negli occhi del ceto medio e dei lavoratori. La cura della Troika aveva avuto su questo piccolo paese degli effetti che parevano quasi bellici, a tal punto che i piccoli commercianti greci sembravano veterani di guerra. La miseria che ha messo all'angolo questo paese, con la complicità di tutti i leader europei, è tanto vergognosa quanto spaventosa se si pensa che qualcosa del genere potrebbe succedere anche a noi. E, tra l'altro, stava per succedere: se succederà, lo ribadisco, avrà il plauso non solo dei banchieri merkeliani, ma pure degli amici di Salvini ed Abascal, che godrebbero nel vedere i popoli del Mediterraneo ridotti sul lastrico. Non a caso il partito tedesco di estrema destra Afd ha lanciato spesso la retorica secondo cui al Sud dell'Europa vivono solo dei fannulloni, che vogliono solo rubare i soldi altrui e vivere di sussistenza.

Ciò che caratterizza un sacrificio rituale è spesso la *ciclicità nel tempo,* per cui, una volta macellato sull'altare il primo capro espiatorio sulle note del Salmo del Libero Scambio, a distanza di un po' di tempo, ne occorrerà un secondo per dissetare le fauci del Divin Denaro. E spesso i sacerdoti dell'austerità sono i medesimi veneratori delle messe dello sviluppinesimo. Non sempre, questo è vero, ma a volte le due storture culturali sono sovrapponibili nel nome del *dominio dell'uomo sull'uomo.*

La società di mercato classica è tragicamente fallita, ma nessuno sciamano ammetterebbe le proprie colpe in totale tranquillità: la colpa della crisi doveva ricadere sui "sudditi", dovevano essere puniti loro, ma non chi stava dietro le quinte. Il popolo greco si era permesso di rimanere indietro rispetto alle prospettive del liberismo economico, andava dunque sottoposto a flagellazione su pubblica piazza.

Con questi flagelli si battevano il petto nudo, così che questo diventava tumefatto assumendo una colorazione tendente al blu deformandosi, mentre si riversava verso il basso imbrattando le pareti della chiesa all'interno della quale si flagellavano. A volte si conficcavano le spine di ferro così in profondità nella carne che riuscivano a toglierle solo dopo più tentativi

La testimonianza storica della flagellazione medievale ai tempi della peste nera è utile per mostrare metaforicamente quello che è accaduto e che accade oggi in Europa. L'autocolpevolizzazione degli ultimi, in seguito alla peste dell'austerità: coloro che avevano combinato il disastro, invitavano al recupero dell'ordine e dell'equilibrio. Coloro che invece non capivano cosa stesse succedendo vennero indottrinati ad autoconsiderarsi un popolo fallito ed incapace. Considerate le responsabilità anche del partito greco Nuova Democrazia (guarda a caso liberista), gli effetti della crisi si sono abbattute solo sui ceti popolari e su quello medio proletarizzato. Coloro che effettivamente avrebbero giovato davvero dalle politiche di ND nella peggiore delle ipotesi si sono arricchiti un pochino di più. Le centomila persone che già nel maggio 2011 erano scese in Piazza Syntagma contro il FMI non avevano ancora visto la vergogna con la quale il loro popolo sarà trattato. Durante otto anni di tagli ben 700mila individui appartenenti alla classe media vennero messi a rischio povertà. Basta girare oggi, dopo la medicina della tecnocrazia, per le strade di Atene e vedere come la situazione sia tutt'altro che rosea. Uno stato di abbandono e di degrado, che con la vittoria di Mitsotakis si allargherà ancora di più, con ulteriori privatizzazioni e tagli ai servizi pubblici: esso dilaga ovunque, con l'impronta dei creditori su ogni casa, via, scuola ed ospedale. Questo, tralasciando il fatto che la Germania era stata responsabile in Grecia di danni di guerra pari a centinaia di miliardi di euro. Il che mostra come l'austerity sia ancora più ipocrita da parte di chi la applica. Se contiamo poi i danni che sono stati causati alla Polonia la cifra greca finisce letteralmente con il triplicare. Eppure, nessuna ondata di sdegno, nessuna richiesta di giustizia: se non quando è quella dei più potenti sui deboli e sugli ultimi.

La resa e la vergogna

Oltre alle responsabilità della corrotta politica di ND, impensabile è non ribadire le colpe anche della sinistra greca, prima di tutto dell'ex Pasok, ma anche poi, in parte, di Syriza. *Pasokizzazione* e *Syrizzazione* sono due fenomeni politici che mettono a rischio la sinistra europea: la prima vede la trasformazione dei partiti di centro-sinistra in partiti di centro-destra, portando ad un crollo del consenso e ad una perdita di fiducia da parte delle classi popolari, la seconda vede la trasformazione dei partiti di sinistra populista in partiti riformisti, più o meno asserviti all'establishment capitalistico-burocratico. La Pasokizzazione è un fenomeno che ha avuto impatti su larga scala, intaccando la stessa identità della socialdemocrazia europea, non solo in Grecia. Segni di Pasokizzazione hanno colpito l'Italia, la Francia e la Germania. La furbizia del PSOE ha permesso invece a Sánchez, per ora, di evitare la Pasokizzazione, nonostante l'asservimento innegabile ai poteri forti. Il fatto che la Syrizzazione non sia un fenomeno particolarmente diffuso deriva essenzialmente dal fatto che ben poche volte la sinistra "radicale" ha avuto la possibilità di raggiungere percentuali paragonabili a quelle di Syriza. La Pasokizzazzione e la Syrizzazione sono due fenomeni equamente problematici, perché spingono le forze progressiste alla sconfitta nel corso del Momento Populista.

Tsipras, personaggio controverso, ha fatto la litigare tutto il gruppo GUE/NGL. Secondo alcuni colpevole, secondo altri un eroe.

La colpa grande di Tsipras è stata, a mio parere, quella di non aver rafforzato la politica estera con i paesi del Mediterraneo, cercando di compiacere in parte l'orbita russa, rimanendo vittima di un isolamento che mi ricorda molto quello dell'Impero Bizantino durante l'avanzata ottomana. Tsipras, leader di un piccolo paese, la Grecia, non avrebbe potuto vincere da solo lo scontro con un colosso economico come la Germania. Se le cose che egli voleva fare fossero state avanzate, per esempio, dall'estrema sinistra francese, allora senza dubbio l'establishment europeo avrebbe perso colpi. La Grecia, ripeto, è un piccolo paese: più delle colpe di Tsipras, che sicuramente ha avuto la sua enorme responsabilità, mi vergogno più degli altri paesi europei, che snobbando la Grecia si sentivano al sicuro.

Un giorno potrebbe succedere anche a voi

Questo è quello che andrebbe comunicato a ciascun pusillanime che si voltava dall'altra parte quando un popolo veniva massacrato e fatto morire di fame. Gli stessi ipocriti che ora in Catalogna si compiacciono dei manganelli.

Siete tutti quanti complici

Un'altra colpa di Tsipras, a mio avviso, è stata quella di aver permesso la caduta di Yanis Varoufakis, di cui George Soros sperava le dimissioni. Varoufakis, a cui ho dedicato già molto spazio in questo libro, si era battuto in modo coraggioso contro l'establishment europeo, pur essendo un europeista *a suo modo.*

Eppure Tsipras, pur avendo forse rinunciato al populismo, rimane comunque più populista di ND, e questo la dice lunga. Alcune sacche di popolazione che prima votavano il Pasok adesso votano Syriza e nonostante tutto *continueranno a farlo* anche nei prossimi anni.

Tsipras, inoltre, ha indubbiamente fallito nel tentativo di portare benessere nel suo paese, ma è stato un abile stratega nel cannibalizzare la pseudosinistra del Pasok. Ad oggi il Pasok non esiste più, ma Tsipras sta cercando di negoziare alleanze con forze maggiormente moderate. Egli, pur avendo perso, sa che Mitsotakis sarà abbastanza fragile al governo.

Quello che mi ha infastidito particolarmente di Tsipras, nel corso dell'ultima campagna elettorale, è stata la sua retorica del *votatemi o torna a comandare la Troika.* Servirebbero più fatti, altrimenti si rischierebbe sempre più di regalare voti a Mitsotakis. Anche Varoufakis, ad esempio, ha rubato qualche voto a Syriza, dopo aver deciso di presentarsi individualmente con il suo *MeRA* riuscendo perfino a superare lo sbarramento.

Se Tsipras non è stato un *eccezionale* politico *di sinistra*, non si può dire che sia stato trasversalmente un inetto: la sua scarsa credibilità è tale quando si ripresenta nelle vesti del socialista massimalista, cercando di far dimenticare quanto accaduto a causa del *golpe europeo.*

Tsipras ha provato ad avviare riforme sociali stando dentro le condizioni che la Troika aveva imposto, che è come dire costruire un grattacielo con un foglietto delle istruzioni (paragone che Alexis, ingegnere civile, apprezzerà sicuramente). Occorre, invece, rompere ancor di più con quel mondo e con tali pretese, altrimenti non vi sarà mai il giusto spiraglio di luce.

Che poi, lasciatemelo dire, il popolo italiano ha avuto il Movimento 5 Stelle. Questi ultimi si sono rimangiati qualsiasi cosa abbiano detto dalla loro fondazione ad adesso, dall'ILVA agli F-35, che Tsipras in confronto sembra il paladino delle promesse mantenute. Se volessimo criticare Tsipras, da una prospettiva di sinistra, dovremmo quindi *massacrare* l'ipocrita creatura gialla.

C'è però un altro aspetto, che reputo positivo, delle ultime elezioni greche, di cui adesso vi parlerò meglio.

I veri nazisti

Fuori dal parlamento ellenico è finita l'estrema destra di Alba Dorata, la formazione più esplicitamente nazista ed antisemita di tutta Europa. Quando osservo quello che è stata Alba Dorata in Grecia capisco quanto sia pericoloso ascrivere a "fasciste" tutte le forze reazionarie. Chiamiamo le cose con il loro nome dunque, sperando che una formazione così violenta, maligna ed oppressiva non tocchi mai nessun altro paese del Mediterraneo.

La simbologia, i testi presenti nelle sedi del partito e le vergognose conferenze stampa del leader di partito, mostrano come Alba Dorata non abbia vergogna a dichiararsi la legittima erede del pensiero nazionalsocialista. Rigurgiti metaxisti e riti pagani rimandano ad un misticismo hitleriano che incute terrore e sgomento. Se la polizia ellenica aveva inizialmente quasi tollerato gli attacchi di questi energumeni ai danni di immigrati e comunisti, l'uccisione di un rapper greco da parte di un simpatizzante di partito aveva completamente cambiato le carte in tavola.

Tale è l'estremismo di questa forza politica che perfino nazional-reazionari come Marine Le Pen ne hanno preso apertamente le distanze. Alba Dorata, ex terza forza politica del paese, mostrava che un partito *veramente* nazista-fascista era in grado di entrare nell'arco parlamentare di un paese UE, per effetto delle scellerate politiche di questo establishment senza scrupoli.

L'utilizzo del meandro, con una nota somiglianza con la svastica nazista (cosa negata dai militanti), doveva riportare alla memoria l'idea gloriosa di una civiltà ellenica pura. Manifestazioni irredentiste o militariste nei confronti di Turchia e Macedonia avvenivano piuttosto spesso, condite da fiaccole e saluti romani. Assalti ai danni dei migranti stavano diventando praticamente abituali in Grecia e la paura nei confronti di questo nuovo squadrismo è stato sicuramente uno dei fattori che ha condotto Syriza alla vittoria. Dichiarazioni inaccettabili nei confronti della comunità Lgbt erano anch'esse normali, nonostante la formazione di Alba Dorata fosse più legata al paganesimo ellenico che al cristianesimo ortodosso. L'albista tipico, solitamente palestrato, adorava immaginare sé stesso come uno spartano del XXI secolo. Il culto della forza e l'odio verso la democrazia liberale hanno reso Alba Dorata nemica di tutti i media greci, in questo caso a ragione. La sconfitta di Alba Dorata alle ultime elezioni è stata dovuta in parte proprio al suo eccessivo estremismo, con livelli di violenza non tollerabili anche da un elettore di destra più o meno nazionalista. Molti di questi voti sono andati alla formazione ultraconservatrice Soluzione Ellenica, che anch'essa pare apertamente nazionalista e xenofoba, ma meno estrema della forza che l'ha preceduta. Soluzione Greca non gode poi dello stesso isolamento mediatico dei nazisti greci, ma è appoggiata pienamente dai russi e dalle frange più conservatrici e clericali ortodosse. Si inserisce quindi all'interno di una tradizione comune a molte altre destre europee radicali, tra cui proprio Vox e Fratelli d'Italia.

Il fatto però che i metaxisti siano, anche solo per qualche anno, riusciti a compiere quello che hanno svolto non può che farci preoccupare, perché ci mostra che la violenza reazionaria è direttamente proporzionale allo stato di povertà in cui si trova un paese. Il Portogallo, a tradizione spiccatamente keynesiana, è riuscito proprio per questo a contenere la minaccia nera. La Grecia, sull'orlo del baratro, ha generato una creatura che non dovrebbe esistere in nessuna democrazia propriamente detta nel XXI secolo. Il caso greco ci invita dunque a stare in guardia nei confronti delle vessazioni dell'establishment finanziario; altrimenti movimenti di questo tipo saranno funghi sparsi da Cipro a Lisbona.

Statalismo e socialismo greco

La passione del popolo greco per gli estremi si può intravedere anche nel fronte opposto, con una contaminazione statalista
non da poco all'interno del KKE, un partito leninista alla stregua
di quello rizziano. Il KKE è una forza statocentrica e stalinista, che
ha sempre rifiutato qualsiasi compromesso con la sinistra greca di
MeRa, Syriza ed Unità Popolare. C'è da dire anche che l'isolamento
in cui versa l'integralismo leninista è tale da spingere questa forza
a rimanere nel gruppo misto all'europarlamento. Contro la cultura
leninista tra l'altro vi è stata una risoluzione europea che ha paragonato recentemente i simboli nazisti a quelli comunisti. Io credo, pur
essendo un convinto sostenitore del superamento del marxismo,
della miseria del socialismo reale e della necessità di una piattaforma regionale e libertaria, che in fin dei conti sia molto fumo e poco
arrosto. Sinceramente, mi sembra stata una scelta ridicola, targata
Von Der Leyen, per compiacere schiere di liberali con la bava alla
bocca. Lo dico senza provare alcuna simpatia per il capitalismo burocratico, né per il centralismo marxista. Un caso simile propagandistico può essere individuato nella legge Fiano, che a mio parere
non avrebbe avuto questa grande utilità, se non riconquistare voti
persi antifascisti.

Lo statalismo stalinista del KKE non è però tanto underground
quanto quello della formazione rizziana, nel senso che il primo riesce a raggiungere con facilità il 5% della società greca. Il KKE è oggi
l'unico partito stalinista europeo che riesce a portare a casa percentuali di quel calibro, anche se per la verità l'elettorato è sempre
il medesimo, senza (e meno male) la possibilità di conquistare fasce
nuove.

Tra l'altro il KKE ha portato con sé un triste bagaglio moralisti-
co che i marxisti più integralisti non riusciranno mai a scrollarsi di
dosso. Basta vedere come hanno votato sulle unioni civili e come si
esprimono in molti dei loro video di propaganda.

Ma lo statalismo burocratico non è un problema della sola società greca, dal momento che, come si è visto già in Italia, questa
tradizione pare non riuscire mai ad essere del tutto scalfita.

I mali dell'antiecologismo, dell'antropocentrismo e dello sviluppinesimo industrialistico affliggono la sinistra rossa più classica. Tra l'altro, questa visione del marxismo di voler dare spiegazioni solo economiche alle cause della diseguaglianza umana non mi convince per nulla. Le cause da rintracciare, come già è emerso con Bookchin, o ancor di più con Diamond, sono di carattere antropologico. Vi è una cultura insita nella natura umana, che in qualche modo va sradicata, per riuscire a lasciare spazio ad una prospettiva veramente libertaria e veramente ecologica.

Grecia e bioregionalismo

Un territorio così ricco dal punto di vista naturale come quello greco potrebbe essere più che adatto per l'applicazione delle teorie bioregionali. La Grecia è un terra che comprende isole sparse e disseminate in mezzo al mare come una polvere magica da cui nasce vita e in cui la natura domina con una elegante maestosità. Applicare in Grecia le teorie bioregionali deve avvenire secondo gli insegnamenti del maestro Bookchin, il quale ha indagato a lungo su quelle cause antropologiche della diseguaglianza umana di cui prima discutevo. Il capitalismo veramente moderno, quello settecentesco, è stato preceduto da diverse forme di dominio: io credo che in futuro nuove forme di dominio fioriranno in sostituzione del capitalismo. Quest'ultimo è ormai, come già detto, un capitalismo liquido ed evoluto, contro cui si potrebbe costruire un socialismo altrettanto nuovo.

Credo che il numero di potenziali bioregioni greche possa superare anche quelle italiane, in quanto il mare è custode di un numero vasto di forme biologiche, e di rado una terra qualunque vede una fusione talmente profonda con l'atmosfera marina che la circonda. Ancor più sensazionale è il fatto che vi sia la seguente coincidenza: proprio su un isola greca, ossia Creta, si era sviluppata una società matricentrica, in passato. La rottura del patriarcato politico è uno dei punti salienti del socialismo bioregionale ed una piccola eccezione matricentrica suona come una coincidenza della storia tutto sommato piacevole.

Fare politica per la comunità vuol dire fare in modo che gli sconfitti dal corso della storia possano ribellarsi alla loro condizione e ciò si può fare solo se le istituzioni si comportano da veramente vicine all'essenza della democrazia. Interessante sarebbe fare in modo di creare un sistema parallelo di portavoce, dediti unicamente alla causa della democrazia, dunque la più nobile delle cause. Se la realtà politica di ciascuna di queste piccole isole venisse espressa tramite parametri prettamente democratici, la società riuscirebbe perfettamente ad integrarsi con la natura, l'eco-comunità troverebbe spazio per la garantire la volontà popolare.

La democrazia radicale in Grecia è oggi possibile, ancor più dopo gli anni di soprusi patiti dalle oligarchie capitalistico-burocratiche. È necessario però non abbandonare il popolo greco, ma seguirlo nella sua rivincita contro il capitalismo e la catastrofe ecologica. Quest'ultima ha già divorato ettari di foresta e condannato a morte un numero abnorme di forme biologiche. Per proteggere la democrazia radicale occorre impedire che questo continui ad accadere. La vittoria delle piccole comunità locali e regionali porterebbe a tranquillizzare ciascuna forma di vita nel suo habitat naturale, creando in sostanza un adattamento delle teorie di Rousseau per il XXI secolo. L'odio della globalizzazione capitalistico-statocentrica per le piccole comunità è dettato dalla volontà dell'industrialismo di soggiogare il mondo naturale. Ma il coraggio del popolo greco è capace di non farsi intimorire da inceneritori e trivelle del regime dei Mitsotakis, pronto a fare della Grecia un paradiso per le multinazionali straniere. Io credo che coloro che abbiano subito in modo così grave il retaggio del dominio, riescano con ancor più facilità a metterne in discussione le fondamenta. La Grecia, Antigone d'Europa, messa in ginocchio dai dogmi dell'austerità, non può e non dovrà mai essere dimenticata, poiché il liberismo criminale contemporaneo si fonda anche sulla memoria corta del genere umano. Credere che questa sia l'unica realtà, nonostante il nostro pianeta ne stia uscendo sfigurato, vuol dire rendere inevitabile l'evitabile.

Ciascuna persona che voglia rafforzare le proprie convinzioni mediterranee deve oggi pensare alla Grecia.

VII. Verso nuovi orizzonti

America Latina: i modelli in crisi

È arrivato il momento, cari lettori, di allargare i nostri orizzonti, dal momento che questo libro, come vuole sottolineare anche il titolo, non è solo un'indicazione per la rinascita econazionale e libertaria dei popoli mediterranei, ma pure un tentativo di analisi della geopolitica internazionale, volta ad individuare dei possibili modelli utili per un potenziale modello bioregionale e socialista.

Uno di questi mondi è quello sicuramente dell'America Latina, che ha nettamente influenzato molti dei compagni castigliani e catalani. Il Sud America è una terra carica di cultura progressista, interessante dal punto di vista ecologico e variegata per la presenza di numerosi differenti regimi politici. Spesso, molti politici di estrazione progressista, nel momento in cui sentono se stessi in crisi o in bisogno di imparare, finiscono con il recarsi proprio in queste terre, in modo da apprendere una tradizione che si sposta dall'anarchismo al kirchnerismo, entrambe due culture da cui è possibile estrapolare programmi funzionali alla rinascita dei popoli mediterranei.

Ma perché la cultura latinoamericana progressista è così ricca dal punto di vista politico? A mio parere le motivazioni fondamentali sono essenzialmente tre:

- *una vita più a stretto contatto con il mondo naturale*
- *il superamento in buona parte della tradizione marxista*
- *l'aver combinato lo spirito patriottico con l'internazionalismo*

Questo non vuol dire che nell'America del Sud abbiano preso forma solo esperimenti positivi: basti prendere ad esempio Maduro, che non è sicuramente un libertario.

Io credo che il grande limite di quello che è stato definito *socialismo del XXI secolo* sia stato il voler rompere con il marxismo-leninismo solo a metà, provando ad inserire potenziali idee assembleariste (come la CUP aveva fatto in Catalogna) nell'impalcatura rossa. Ed è un peccato perché il socialismo del XXI secolo non è da scartare completamente a priori. Eppure vi è ancora quella sostanza moralistico-antropocentrica, che sottomette teoricamente la natura all'individuo e l'individuo allo Stato. Ma, in realtà, dal punto di vista della coscienza ecologica ci troviamo anni luce avanti rispetto all'integralismo rosso. Anche il patriottismo socialista è qualcosa di invidiabile alle forze bolivariste, anche se quel patriottismo non include ancora la comunità ecologica all'interno dei propri elogi. Si tratta dunque di un patriottismo progressista imperfetto, ma che potrebbe essere tranquillamente completato, se la messa in discussione dei canoni della tradizione avvenisse in modo più marcato. Ad oggi, il socialismo del XXI secolo ha forgiato comunque l'attività politica di grandi leader come Lula, per molto tempo vittima di un golpe giudiziario, Mujica e Morales. Nonostante l'azione provvidenziale nel cercare di porre un freno alla catastrofe ecologica, questi modelli appaiono oggi più deboli di quanto lo fossero in passato, basti vedere la vittoria di Bolsonaro contro Haddad in Brasile, un preludio ad uno dei più grandi scempi ecocidi dei nostri tempi.

La crisi delle sinistre latinoamericane è dovuta, a mio parere, ad una sorta di indebolimento della loro identità. La stessa Dilma Rousseff, io credo, non è riuscita a mantenersi all'altezza di una tradizione sicuramente nobile, anche se da me solo parzialmente condivisa. Va detto che il rischio di *Pasokizzazione* nei confronti dei movimenti operai latini non è assolutamente impossibile: sarebbe *la teoria della catastrofe ideologica,* che sarebbe uno scenario pericoloso e sgradevole per le classi medie-basse e il proletariato/sottoproletariato latino ed europeo.

Teoria della catastrofe ideologica:

Il caso Rousseff mostra come le socialdemocrazie decadenti e corrotte, che governano l'Europa con il supporto dei banchieri, possano arrivare ad "europizzare" la cultura latinoamericana. Sarebbe lo scenario peggiore per la radicalizzazione della democrazia, perché, anziché esportare l'indole rivoluzionaria in Europa e nel Mediterraneo, prepareremmo il carro funebre per tutte le forme di socialismo latino. Se la *Syrizzazione* e la *Pasokizzazione* delle formazioni latine dovesse prevalere sulla rinascita econazionale, socialista e libertaria dei popoli del Mediterraneo, le forze capitalistico-burocratiche avranno in mano tanto Barcellona quanto Buenos Aires. Bisogna impedire che ciò avvenga, anche perché, un cedimento sulle tematiche ecologiche in tale area del mondo, è una rinuncia all'ossigeno che respiriamo e alla radicalizzazione della democrazia.

"Quando avranno abbattuto l'ultimo albero, pescato l'ultimo pesce, quando avranno inquinato l'ultimo fiume, quando respirare l'aria farà ammalare, solo allora si accorgeranno che il benessere non è nei conti in banca e non si può mangiare il denaro."

(Alanis Obomsawin)

Mentre l'Amazzonia chiede giustizia, Macron bisticcia con Bolsonaro, come se costui non fosse altrettanto complice della catastrofe ecologica. Gli stessi che, applaudendo Greta, poi invece chiedono più Europa, più glifosato, più trivelle, più grandi navi sono complici ipocriti del Nerone brasiliano. Ogni volta che Bolsonaro apre bocca un ecologista al mondo muore: tra l'altro, vorrei far notare che le lotte per salvare il pianeta dalla catastrofe ecologica, a volte, soprattutto in America latina, vengono pagate a caro prezzo, pure con la vita.

Secondo il rapporto annuale *Enemies of the State?* della Ong Global Witness, infatti, 164 ecologisti sono stati uccisi in tutto il mondo nel solo 2018: si tratta di tre morti alla settimana. Dal Brasile al Guatemala fino alle Filippine, essere dalla parte del pianeta e della comunità viene considerato un affronto alle oligarchie dominanti, che, speculando, negano il futuro ai popoli del Mediterraneo e alle loro terre. La *green democracy* metterebbe in pericolo l'interesse di quei pochi potenti che guadagnerebbero dalla catastrofe ecologica. Bolsonaro sa benissimo che i movimenti ambientalisti per lui potrebbero essere un pericolo molto grande, a tal punto che le ha accusate di appiccare volontariamente i fuochi per poterlo screditare, dicendo che le Ong tramano complotti contro di lui. Tralasciando la potenziale messa in discussione della sanità mentale di Bolsonaro, su cui personalmente ho qualche dubbio, quest'ultimo sa benissimo di non poter continuare ininterrottamente a giocare con il fuoco. Difatti, Bolsonaro appare oggi come uno dei leader più isolati nel panorama internazionale, odiato dalla stampa liberal e socialista, ma nemmeno (Macri a parte) così apprezzato dalle destre che molto per lui avevano tifato. Perfino i Tories britannici, anche con la virata a destra di Johnson, hanno manifestato preoccupazione per le azioni ecocide del leader brasiliano. Il Brasile sa che non può contare su un isolamento internazionale, tra l'altro invocando il sovranismo per poi svendere la terra a qualsiasi multinazionale straniera. Grande sostenitore di costui è pure l'altro ecocida Trump, che dice di "non credere agli scienziati" e che il riscaldamento globale può al massimo essere una cosa positiva.

Bolsonaro, d'altra parte, è un personaggio utile per fare gli interessi USA quanto lo è stato Pinochet per spodestare il governo democratico del dottor Allende. Contando che Macri ha combinato un disastro dopo l'altro, finendo per lustrare le scarpe al Fondo Monetario Internazionale, Bolsonaro l'ha superato in quanto a nefandezze. Era da molto che non vedevo una figura così apertamente nemica della libertà, velenosa nei confronti dei diritti dei popoli sovrani a vivere in terre prospere e pulite. Bolsonaro e la sua cerchia di amici corrotti sono arrivati, attraverso una corrente di partito, a teorizzare la restaurazione della monarchia brasiliana.

Egli ha sostituito da solo tutti i difetti del potere borbonico-spagnolista, portando le popolazioni indigene a diventare i nuovi catalani. Il disprezzo del padre del dominio Bolsonaro passa anche per il consolidamento dei poteri patriarcali e clericali nella società brasiliana.

Serve che i popoli del Mediterraneo dichiarino la loro vicinanza agli amici indigeni che lottano contro Jair, eterno sacerdote del culto dello sviluppinesimo. Vi è in comune una stessa battaglia, una convergenza di ideali per spezzare quella forma di dominio che antropologicamente si annida dentro tutti noi. L'establishment finanziario-capitalistico di Bolsonaro ha avuto vita facile grazie ad un golpe giudiziario, ricordando anche il fatto che sotto Lula il grado di protezione dell'Amazzonia era nettamente migliore. Fare fuori politicamente Lula (che poi sarà liberato) voleva dire dare le chiavi dello sviluppinesimo all'ecocida Jair, aprendo una ferita in tutto il mondo latino.

Tornando al concetto di *teoria della catastrofe,* queste forze latine oggi in difficoltà possono fare due cose: riprendere in mano i valori del socialismo del XXI secolo, stroncando alla nascita le deviazioni liberiste e falsamente socialdemocratiche, oppure fare una cosa ancora più innovativa, ossia eliminare completamente il retaggio marxista, provando a coniare un versione verde del populismo da loro propagandato e giustamente sostenuto.

È anche più facile per queste forze riuscire a convincere un'ampia fetta dell'elettorato, in quanto il progressismo latino è già dentro al Momento Populista. Se, invece, pensiamo all'Italia ci troviamo ben più indietro, nel senso che la partecipazione al Momento Populista da parte di queste nuove formazioni non è nemmeno avvenuta, per via della mancanza di una *coscienza populista* estranea a tendenze nazional-conservatrici.

Se il socialismo del XXI secolo, forte magari di una contaminazione neozapatista, potrà togliersi di dosso il marxismo-leninismo, uscirà ancora più forte da tutto ciò. Io credo che ne, se vedremo tanti Bolsonaro diffondersi fino alla Terra del Fuoco, allora sarà necessario in quel momento un tragico esame di coscienza.

La teoria della catastrofe, realizzandosi, sarebbe la sconfitta esistenziale di tutti popoli liberi del mondo, declinati a servi del sistema oligarchico capitalistico-burocratico. Dobbiamo dunque credere nel lavoro dei Mujica e dei Morales, nonostante (soprattutto nel secondo caso) il retaggio marxista sia in parte sopravvissuto, ma il loro lavoro è stato dignitoso e distante da quelle atmosfere sanguinolente del bolscevismo sovietico.

Un altro dei fattori di crisi del socialismo bolivariano, oltre alla progressiva apertura al liberismo, è un silenzio assordante nei confronti del recente autoritarismo venezuelano. I popoli liberi sanno che non potranno mai stare dalla parte del burattino Guaidó, ma se Bookchin fosse oggi in vita condannerebbe senza mezzi termini il regime oligarchico-statocentrico di Maduro. E questa deriva autoritaria si individua ancor più nel momento in cui Recep Tayyip Erdogan, carnefice del Rojava, dichiara la sua vicinanza al governo venezuelano. Questa orwelliana vicinanza tra autoritarismi ci fa capire quanto le oligarchie corrotte abbiano la possibilità oggi di mischiare le carte o di proporsi sotto una maschera sempre più nuova.

L'America Latina necessita ora di un *bolivar-zapatismo* capace di scongiurare nel modo più insindacabile possibile la teoria della catastrofe. Bookchin, dunque, può essere utile per stringere queste tradizioni e condurle nell'unico alveo dei liberi popoli che lottano per la loro terra.

Ora, augurando fortuna a tutti i fratelli latini da Panama in giù, occorrerebbe spostare lo sguardo poco più a Nord.

Feel The Bern

Fino a non troppi anni fa parlare negli USA di "socialismo" era considerabile un vero e proprio taboo: se qualcuno di voi avesse mai detto che le idee socialiste avrebbero potuto riscuotere popolarità nella terra del libero scambio per antonomasia, sarebbe stato come minimo scambiato per sognatore, se non anche folle. Eppure, grazie all'anziano senatore Bernie Sanders, è quello che sta oggi succedendo, con l'aiuto di vere e proprie stars nascenti, quali la giovanissima Alexandria Ocasio Cortez.

Salario equo, lotta alle multinazionali e all'industria dei combustibili fossili sono parole nuove, complice un maccartismo antisocialista interiorizzato nell'animo di molti americani. Ma è soprattutto con il suo *Medicare For All* che gli statunitensi si stanno avvicinando ad una realtà consolidata in Europa: la sanità pubblica (che da noi qualcuno vorrebbe smantellare)

Bernie è amato dai giovani, dal ceto popolare e perfino da alcune celebrità. Ed è strano questo fatto, dal momento che solitamente cantanti e attori tendono a preferire i candidati forniti a tavolino dall'establishment finanziario. Eppure con Bernie questa regola non vale: scuola, sanità e lavoro sono le sue parole d'ordine. Ed è visto come una triplice minaccia nei confronti delle grandi case farmaceutiche, dell'industria delle armi e delle ecomafie.

Molto abile anche nel linguaggio, indubbiamente carismatico, mostra idee assimilabili a molti socialismi di tipo nordico, seppur alcuni critici preferiscano targare Sanders più come un *radicalmente* socialdemocratico che un socialista. Ciò che è certo è che l'anziano senatore è sicuramente e genuinamente un populista, che usa un linguaggio fondato sulla speranza e sull'eguaglianza.

Bugiardo e senza scrupoli, il suo avversario *liberal* Joe Biden, è un personaggio figlio di quella cultura guerrafondaia presente tanto nei Dem quanto nei Repubblicani. Egli, sostiene la mancanza di necessità nel garantire una sanità gratuita, pubblica ed universale.

Una via di mezzo più vicina al Sanderismo nella competizione tra i Democratici che sfideranno Trump è forse Elizabeth Warren, con dei toni sicuramente meno populisti di Bernie, ma con un'agenda che non pare rifarsi del tutto al liberalismo classico.

Ho dunque rapidamente citato gli USA, la patria di Murray Bookchin, come prima l'Argentina, la terra di Ernesto Laclau, per osservare lo sviluppo delle forze populistico-democratiche di questi paesi. Gli USA, d'altra parte, sono già uno stato federale ed il comunalismo bookchiniano, almeno in linea teorica, a detta dello stesso Bookchin, sarebbe più facilmente applicabile qui che da noi in Europa.

Ora, però, l'ultima tappa doverosa dentro il libertarismo deve essere sicuramente il Medio Oriente.

Ad esso mi dedicai ancor prima di analizzare una possibile liberazione dei popoli del Mediterraneo, ed è qui dove si è avuta la massima espressione delle teorie bookchiniane, in quell'esperimento straordinario che è il Rojava, di cui ho già discusso e che ora approfondirò. Questo scritto nasce proprio dalla volontà di toccare la coscienza della società e provare a creare qualcosa di buono e di giusto in un mondo carico di ingiustizia ed inequità. Un mondo dove gli insegnamenti di Bookchin possono rendere possibile l'equilibrio fra società e natura.

"La straordinaria, patologica disgiunzione della natura dai suoi derivati industriali discende da un'interpretazione in gran parte mitica della tecnica. I prodotti dell'industria moderna sono letteralmente "denaturati". Così, essi diventano puri oggetti di consumo e di godimento. Non esplicitano alcuna associazione con il mondo naturale dal quale derivano. Nella mente collettiva un prodotto viene più in-

timamente associato all'impresa che lo ha fabbricato che non al mondo naturale che ha reso possibile la sua stessa esistenza e produzione."

(Murray Bookchin, L'Ecologia della Libertà)

Panarabismo ed islamismo

Uno dei più grandi problemi del Medioriente è sempre stato quello di avere forze autoritarie di stampo laico e religiosi che si appellano al popolo. Questa *inversione ideologica* non è però dettata dal caso o perché i mediorientali siano strane creature aliene diverse dal resto del mondo: vi è una responsabilità dell'Occidente, in primis USA ed Israele, che hanno favorito la diffusione del morbo islamista in buona parte di questa tormentata area geografica.

Chiariamo una cosa: il Panarabismo è stato declinato in via autoritaria, ma è stato comunque un movimento anticoloniale, ergo più pericoloso secondo le oligarchie capitalistico-burocratiche.

L'islamismo, ossia l'utilizzo politico del fondamentalismo islamico, è stato tollerato perché non si costruisce in linea di massima contro gli USA e l'imperialismo. Questo ha spinto una parte del mondo occidentale a voler neutralizzare dall'interno la cultura panaraba, che, ripeto, è stata spesso e comunque una cultura molto autoritaria e poco libertaria. L'idea che l'islamismo politico potesse creare tensioni appariva chiara, quindi gli USA hanno fatto ben poco per contrastarlo. E avrebbero potuto farlo, ad esempio, intimando al loro alleato, l'Arabia Saudita (di cui ho parlato ad inizio libro), di smetterla di spargere il germe wahhabita in Oriente e nel mondo.

Ma l'Arabia Saudita e Israele sono sempre state delle quinte colonne utilissime per contenere l'influenza iraniana nella zona, che minaccia gli americani con il supporto degli Huthi e di Hezbollah.

Il fatto che il panarabismo sia fallito anche per colpa dei leader arabi è qualcosa che condivido: i particolarismi nazionali e le varie discordie interne rendono la Lega araba un gruppo estremamente litigioso.

Nonostante questa questione del laicismo e della religiosità valga per una grande parte del Medioriente vi è appunto un'area unica in cui le forze popolari sono realmente rivoluzionarie: la Federazione democratica della Siria del Nord.

Il più grande esperimento che qualcuno potesse mai realizzare finora utilizzando la testa e gli scritti bookchiniani.

Verde Rojava

La condizione pluralistica che oggi caratterizza il Rojava fa sì che questa regione venga chiamata direttamente *Federazione Democratica del Nord della Siria:* Rojava è infatti l'abbreviazione di *regione occidentale del Kurdistan,* una chiara connotazione etnicista che nel nome ufficiale è stata dunque eliminata.

Quando la rivoluzione toccò il suolo di questa regione geografica, la Siria era afflitta (e ancora lo è) da una guerra civile violentissima, in cui le aree più calde del conflitto erano però le regioni occidentale e meridionale. Lo *YPG,* ossia il ramo militare del principale partito curdo di sinistra, il *PYD,* invitò le forze di Assad ad andarsene in cambio di aver salva la vita. Le forze del regime, desiderose di concentrarsi su fronti ben più caldi ed importanti, accettarono la resa. Dal 2012 ad oggi i territori di quella che sarebbe divenuta la *Federazione* si ampliarono notevolmente, arrivando a comprendere anche villaggi arabi, turcomanni ed assiri. Durante gli anni di governo del regime degli Assad, la Siria del Nord venne impoverita ed abbandonata, in quanto era interesse del potere centralistico assadista di marchiare i curdi come un popolo di contadini trogloditi. Contrariamente al parere di molti opinionisti dell'estrema destra neofascista o di una certa estrema sinistra, Assad ha ben poco di socialista. Il suo modello di governo si è fondato su un capitalismo di stato violentissimo, mettendo spesso a morte nelle carceri di Palmira tutti gli oppositori comunisti. L'assadismo è sempre stato particolarmente ostile alla kurdizzazione, cercando di arabizzare perfino il nome delle città. Se oggi le forze del regime e le unità di difesa curde sono in uno stato di non belligeranza è dovuto all'ostilità comune nei confronti delle milizie islamiste e fanatiche. Il Rojava è infatti oggi supportato da numerose tribù arabe profondamente ostili alla Casa reale saudita e da forze di difesa siriaco-cristiano-caldee.

Per quanto riguarda la strutturazione del Rojava, parecchi media occidentali hanno parlato di *democrazia senza Stato,* un'espressione in certa parte vera. Il Rojava è una *democrazia federativa semi-diretta* in cui sopravvivono talune istituzioni centrali, quali il Consiglio Supremo, ma che si fonda sul decentramento del potere decisionale, che cerca, quando è possibile, di rimanere concentrato nelle mani dei cittadini.

Tutto quello che può sciogliersi a livello locale, si scioglie a livello locale

Si può dire che sia questo il principio che sta alla base dell'organizzazione federativa, per cui si passa ad ordini amministrativi superiori *se e solo* se vi è la completa necessità di farlo. Il potere decisionale ricade in mano ai cittadini e alla comunità, come Serok Apo aveva teorizzato a partire dalle teorie di Murray Bookchin.

Dai singoli quartieri ad aree più estese, Cantoni e Regioni, il potere decisionale vede più livelli/ordini e questo è regolato dalla Costituzione, che in realtà viene definita *Carta del Contratto Sociale* per marcarne la dimensione extra-statale. A differenza dei paesi a socialismo reale, nel Rojava la proprietà privata non è eliminata *ma messa a servizio dei cittadini* e il socialismo vigente fa utilizzo di un' *economia cooperativa*, fondata su eguaglianza, libertà e democrazia.

Economia cooperativa: verso la società organica

Il modello di società che possiamo osservare in Rojava è quello di una democrazia solidale, in cui l'economia è il più possibile sostenibile, con uguaglianza di genere ed autogestione come pilastri portanti. Oggi in Europa si può *parlamentarizzare* un simile modello in chiave bioregionale, mettendo al centro dell'economia investimenti *green* e utilizzando tutte le risorse che abbiamo per ricreare delle condizioni di equilibrio tra natura e società.

La costruzione di impianti idrici moderni, il progetto verde che coinvolge tutti e quanti i Cantoni, il lavoro solidale che mette la piccola proprietà privata a servizio della comunità, le assemblee radicate sul territorio e nei singoli quartieri: sono tutte realtà oggi minacciate dall'imperialismo turco.

L'economia del Rojava è oggi florida e dinamica: molte sacche di povertà sono state annullate, la desertificazione frenata, lo spettro clericale-patriarcale sgretolato. Tutto questo, senza il lavoro di Bookchin ed Apo, non sarebbe stato possibile. Occorre fare in modo che questo modello sia un punto importante per la rinascita econazionale dei popoli mediterranei, per spazzare via l'austerità da ogni terra, da ogni economia e dalla nostra vita.

Oggi la società organica ha preso forma in un territorio che in quanto a cultura ha un substrato reazionario ben più massiccio di quello greco e di quello italiano. Il populismo è la via maestra per arrivare al bioregionalismo come il pluralismo lo è stato per l'instaurazione del confederalismo democratico.

Occorre continuare a diffondere il nome di Murray Bookchin fino a quando i popoli mediterranei avranno riacquistato la loro economia e la loro sovranità: il verde sta colorando il Rojava, cancellando il grigio delle bombe e coprendo il rosso sangue dei martiri. Martiri per noi, per la civiltà occidentale, che anziché mostrare gratitudine solidarizza con i carnefici. Per gli uomini del Mediterraneo il pensiero di Bookchin deve essere eterno, immenso e trasversale. Esso può salvare il socialismo, l'anarchismo e il nazionalismo dalla morte delle ideologie, che ha intaccato questo secolo, portando ad una distruzione del potere decisionale e del potere politico. I popoli del Mediterraneo dovrebbero credere nella rivoluzione apoista che a Nord di Latakia ha liberato molte nazioni oppresse. L'imperialismo turco, molto simile, come ho spiegato, in genesi e *modus operandi*, a quello suprematista-borbonico, è foraggiato con i nostri soldi, che spengono la rinascita ecologica e profanano le tombe dei martiri di Kobane. Codesto è un Occidente infame, che ha provocato immensi disastri, che pensatori ben più importanti di me come Noam Chomsky hanno smascherato senza peli sulla lingua. Oggi l'imperialismo di tutti i colori vuole cancellare la rivoluzione di Serok Apo e di Murray Bookchin: assadismo, turanismo, capitalismo, islamismo sono uniti nella volontà di smantellamento della democrazia radicale, nel disprezzo della civiltà umana e nell'esaltazione della criminalità dell'antropocentrismo e dello sviluppinesimo, di un sistema fallito, privo di credibilità ed umanità. Se i popoli del Mediterraneo, quelli liberi del Sudamerica e quell coraggiosi della Siria del Nord lanciassero un'offensiva democratica contro questo sistema corrotto e vigliacco, riuscirebbero a spezzare le catene della diseguaglianza capitalistico-burocratica.

L'umanesimo bookchiniano si può percepire per le fattorie di Afrin, per le botteghe di Kobane e per i campi di Al Hasaka. E questo spirito può fare molte cose in Sardegna e in Corsica, in Catalogna e in Grecia. Il fatto che, per una delle pochissime volte nella storia, sia stato messo in discussione il dominio dell'uomo sull'uomo e dell'uomo sull'ambiente spiega il perché tutto ciò abbia suscitato la *convergenza plurima degli imperialismi.*

Quando le varie forme di libertà si riuniscono per formare l'alleanza totale dei valori dell'umanesimo è chiaro che le forme di oppressione tendono ad allinearsi lungo un unico fronte: ad oggi il Rojava è riuscito ad ostacolare i sogni imperialistici della Siria e della Turchia, mentre è disprezzato dagli USA che si fingono loro alleato ed odiato dall'Iran che teme che la rivoluzione apoista possa diffondersi anche sul proprio suolo. Ha invece attirato molti volontari nel *Battaglione Internazionale* rendendo ancora più evidente l'analogia oppresso-oppressore tra la Catalogna e il Rojava.

Molti sostengono che il Rojava sia in grado di esistere solo perché in un momento di guerra civile è più facile creare un sistema di questo tipo. Io non la penso in questo modo per essenzialmente due motivi:

Il primo di questi è che il Rojava nasce da una *rivoluzione culturale,* che sicuramente precede quella materiale. Dunque, cancellando il Rojava e/o invadendolo le persone che hanno conosciuto quella realtà sono ormai state fornite degli strumenti per comprenderla a pieno: non si riuscirà comunque a ribaltare l'ormai modo di pensare di quella gente. Il ricordo dei martiri e il libertarismo del sistema scolastico hanno ormai fatto rispettivamente breccia nel cuore degli adulti e delle giovani generazioni. Il Rojava vince perché è speranza e vita contrapposta alla morte e alla barbarie neo-ottomana.

Io, inoltre, credo che la condizione di guerra sia prova della solidità dell'esperimento Rojava e non della sua debolezza. Riuscire a svolgere riforme strutturali così incisive dal punto di vista ecologico e radicalizzare la democrazia, deve condurci a pensare al Rojava come un *unicum e basta* e non *unicum nonostante.*

Questo atteggiamento del ritenere la guerra come una necessità assoluta per poter realizzare un progetto che parte dalle stesse radici lo trovo sciocco e controproducente. Credere che il Rojava sia autosufficiente solo perché Assad bombarda i terroristi ad Idlib, vuol dire sminuire l'eroica resistenza dei martiri e di tutte le persone che non hanno ceduto al fuoco incrociato dell'imperialismo. Ad oggi l'unica vera democrazia del Medio Oriente non è né Israele, né il Libano, bensì il Rojava, un faro luminoso che con il sangue dei nuovi partigiani della libertà ha liberato città anche a maggioranza araba come Raqqa. La nuova società organica panmediterranea deve imparare dal Rojava ma adattare il pensiero bookchiniano alla realtà parlamentare-democratica europea ed occidentale.

L'internazionale apoista deve sostenere dunque l'internazionale panmediterranea finalizzata al raggiungimento della società radicalmente democratica. Il rispetto della biodiversità e la lotta alla carenza di democrazia passa per i parlamenti del Mediterraneo, in cui occorre presto agire per combattere ognuno dei pericolosi nemici.

- *Carenza di democrazia*
- *centralizzazione burocratica dei poteri decisionali nella mani di pochi*
- *squilibrio dettato dalla contrapposizione tra dominatori e dominati*

La battaglia per il sociale passa per le piccole comunità, in quanto ciascun Impero centralistico è sempre stato fisiologicamente condannato alla disgregazione. I grandi imperi, monopolizzati da una figura chiave, affiancata da una corte di potenti, sono strutturalmente costruiti per dirigersi verso il lago del declino. E quel potere illegittimo che ora passa in mano a ciascun servo della reazione è un tritacarne che trasforma il Mediterraneo in carcassa per sciacalli.

Come nel caso del Rojava il movimento panmediterraneo deve nascere dal basso, dalle radici dell'albero bioregionale, dall'ecologismo nazional-libertario e condurre ciascun pezzo di terra e di patria alla pace eterna per salvare le comunità mediterranee dalla distruzione.

Solo in questo modo i popoli mediterranei non saranno guidati da alcun *caudillo* ma da loro stessi: quando il popolo scende in piazza a chiedere democrazia il popolo è protagonista del corso della storia. Oggi il popolo ha già scritto in Siria una pagina di storia, come anche gli zapatisti messicani nel loro piccolo. Le popolazioni mediterranee possono avviare questo processo di trasformazione partendo dal fare politica all'interno dei singoli paesi. Si può cambiare la società italiana, greca, spagnola, portoghese e catalana. Vi è il dovere di garantire alle prossime generazioni una vittoria dell'umanità intera contro la catastrofe ecologica.

La società che conosciamo è pronta al collasso: interi ecosistemi distrutti, foreste bruciate, fiumi prosciugati, mari implasticati. Se non si mette in discussione quello strumento ecocida attuale che il capitalismo sfrenato, prima il Mediterraneo e poi la terra intera saranno condannate all'autodistruzione.

L'austerità e l'anti-ecologismo stanno ammazzando le aspettative di benessere dei popoli del Mediterraneo e noi tutti stiamo accettando servilmente le conseguenze, tollerando le vecchie oligarchie di destra e sinistra. Io non so se la democrazia radicale è di sinistra, ma so che la tirannia è equamente distribuita e questo la storia lo ha dimostrato in più occasioni.

Il Rojava e la rivoluzione curda hanno già subito un grave colpo nella città di Afrin, invasa da tagliagole fanatici inviati dalla Turchia, causando un triste esodo verso altre zone libere. L'occupazione di Afrin non ha però scoraggiato i partigiani, che si sono solo temporaneamente ritirati. Le forze turche, che ora vogliono instaurare una sorta di emirato islamista in quella zona, sono costantemente colpiti da azioni di sabotaggio e guerriglia, le quali mostrano come la rivoluzione non sia morta. Una sconfitta in una battaglia non è un esito di guerra, così che le YPG sono ad ora più determinate che mai. Nel nome della libertà e dell'eguaglianza tra gli ineguali, le forze turche incontreranno solo la volontà di resistenza e ogni volta che si proverà a ostacolare l'eco-rinascita quest'ultima si ripresenterà con ancora più tenacia.

Chiunque riesca a garantire, facendo politica, il benessere della comunità, deve essere ammirato per quello. In questo caso, la politica dei rivoluzionari curdi deve essere presa a modello:

Popoli fratelli, quello curdo e quelli mediterranei

Triste è poi l'atteggiamento di una certa stampa europea che descrive i ribelli siriani come dei valorosi combattenti della democrazia, quando in realtà sono pericolosi tagliagole al soldo della Turchia. Abbiamo visto che dovunque abbiano governato i suddetti "ribelli", a colpi di integralismo islamico e di corruzione, lo standard di vita della popolazione era completamente sottozero. La cosiddetta favola del *Free Syrian Army* non se la può più bere nessuno, dal momento che le milizie che utilizzano questo nome sono decine e decine, e ciascuno ha dei pensieri diversi rispetto agli altri. Non esiste un comando centrale e non esiste alcun movente reale che sia distinto dai soldi sborsati dal regime di Erdogan. Si chiamano mercenari, ma sono peggio dei mercenari, perché questi ultimi, a guerra conclusa, tornano poi (se vivi) da dove sono venuti. In questo caso abbiamo una volontà di conquista e di amministrazione del territorio, creando una Turchia 2.0 che possa essere descritta come "stato cuscinetto". Basti vedere la profanazione delle tombe e la distruzione dei luoghi pubblici che ha colpito la città di Afrin, saccheggiata completamente dalle milizie filo-turche. In poco tempo Afrin, la cui amministrazione era retta da personaggi progressisti, è diventata la peggiore culla dell'oscurantismo ottomano. Ad Afrin quelle che erano cadute erano bombe della NATO e quello che stava accadendo era anche colpa di un totale asservimento dei nostri paesi al regime di Erdogan. Si tratta di un paese dove il potere giudiziario è pressoché inesistente e dove i giornalisti devono fuggire all'estero per scampare alla repressione, eppure ciò non fa notizia: egli è un dittatore allineato e quindi non può essere toccato. La Russia e il Venezuela, anch'essi paesi autoritari retti da democrature, non hanno subito lo stesso trattamento di tolleranza e di coccole da parte dei principali leader mondiali.

Ancor più vergognosa era la situazione ai tempi dell'assedio di Kobane, dove i carri armati turchi osservavano tacitamente la battaglia dal confine, tifando tacitamente per i terroristi. A Kobane, tra l'altro, si aveva un rapporto numerico profondamente squilibrato: le cifre ci dicono che si trattava di dieci terroristi per ogni partigiano o partigiana. In quel momento i terroristi si erano anche danneggiati da soli, attaccando a colpi di mortaio le zone periferiche della città, salvo poi, per via della distruzione, non riuscire a penetrare nel cuore del centro storico. Ed è lì dove poche persone, ma più motivate ed armate alla leggera, riuscirono a prevalere. Questa vittoria, da molti paragonata a Stalingrado, riuscì ad avere un eco di risonanza in tutto il mondo occidentale, che, a dire il vero, dei curdi sapeva ben poco.

Quando i terroristi attaccavano Kobane, pensavano di impadronirsi di uno dei capoluoghi della rivoluzione del Rojava, dunque oltre la sconfitta la beffa: sarà proprio la loro capitale, Raqqa, a cadere in mano alle milizie curde, alleate con alcune tribù arabe ed assire. La battaglia di Kobane ha fortemente colpito l'immaginario collettivo e ha creato un ampio dibattito tra i paesi coinvolti nella *proxy war* se vi fosse la possibilità di sedurre i curdi e di usarli come *longa manus* per i nostri interessi.

Ma vorrei dire che il popolo del Rojava non è stupido: sa benissimo che se gli americani prima e i russi poi tendono la mano, lo fanno per una pura ragione di interesse e non sicuramente per condivisione del progetto rivoluzionario.

I curdi stessi hanno già vissuto una storia fatta di sotterfugi, tradimenti e doppiogiochismo: considerarli come dei fessi non è realistico. Vi è perfino un detto tradizionale che sostiene che gli unici amici dei curdi *siano le montagne.*

Altrettanto sbagliato da parte dei media italiani è parlare dei curdi come se fossero solo il Rojava. Esistono curdi che abitano in Iran, in Turchia e in Iraq e non tutti sono funzionali al progetto rivoluzionario. Di fatto, esiste una *sinistra* curda e una *destra* curda molto simile ai nazional-reazionarismi europei. È chiaro che utilizzare a caso parole come *Ypg* o *peshmerga* non fa che alimentare la confusione nella mente di persone che sanno superficialmente quello che sta accadendo, o che a malapena conoscono gli schieramenti.

La possibilità di creare un internazionale apoista ha permesso agli scritti di Bookchin di diventare forse più noti in Medio Oriente che in Nordamerica. Questo è dovuto al talento di Serok Apo nell'essere riuscito ad elaborare il Confederalismo Democratico dalla piattaforma di municipalità libertaria.

Oltre alla sua opera mastodontica, *L'Ecologia della Libertà,* invito qualche lettore curioso a provare a leggere anche *Per Una Società Ecologica* dal momento che, pur essendo una lettura più semplificata (o forse proprio per quello), riesce a porre l'enfasi sui punti salienti di molti altri suoi libri, una specie di riassunto ragionato insomma.

Ora come ora, sono due le favolette tendono a raccontare sul Rojava alcuni media:
- *Il Rojava filo-americano*
- *Il Rojava filo-regime*

L'idea del Rojava come quinta colonna USA è stata diffusa in ambienti marxisti-leninisti, in particolare staliniani, che non possono tollerare l'esistenza di una società socialista che sia libertaria ed non-centralistica. Ho letto molte accuse infamanti, personalmente, sull'idea che il Rojava fosse una specie di deviazione borghese del socialismo.

Io credo che sia invece lo stalinismo la peggiore deviazione borghese-statocentrica del socialismo. È quel socialismo come schiavitù, che oggi molti liberali utilizzano per infangare le idee sociali. Per fortuna, esiste un'opposizione sistematica al morbo stalinista, che, nel nome del Rojava, sta ripulendo i movimenti popolari di tutta Europa. Considerare il Rojava un esperimento americano è un capovolgimento della realtà, dal momento che fino alla vittoria silenziosa di Kobane, il Pentagono aveva occhi solo su forze ribelli, distanti per mentalità da parametri definibili "democratici".

L'altra grande bufala è che lo YPG sia in fin dei conti una milizia del regime. È sicuramente vero che vi sono stati dei patti di non belligeranza ed è pure reale una ridotta intensità degli scontri. Se però vogliamo essere sinceri basta dare un'occhiata alle interviste ad Assad e a diversi uomini fedeli al regime: vi è la chiara volontà di risottomettere tutta la Siria e di non lasciare alcuna opinione sul tavolo che possa essere distinta dal centralismo.

Io credo che comunque Assad, prima o poi, dovrà arrivare a patti con quella regione: la volontà di concludere una guerra che si trascina da praticamente una decade è molto forte, anche tra i soldati vicini al regime. Io credo che, se Assad dovesse scegliere tra quello che per lui è il male turco e quello che è il male curdo, opterebbe per il secondo. C'è da dire che comunque il Rojava non ha mai chiesto la secessione ma semplicemente la possibilità che la Siria venga trasformata in una federazione.

Se Assad preferisce che Erdogan invada tutta la striscia di territorio che si estende da Manbij ad Al Bab per poi annetterla, allora non ha capito nulla dei veri pericoli che correrebbe il suo predominio sullo stato siriano.

Ormai molte persone hanno sviluppato una loro mentalità che si porteranno dietro per sempre e che un'operazione militare non è in grado di azzerare: è il punto di forza di una rivoluzione avvenuta dal basso.

Il cammino per la radicalizzazione della democrazia richiede dei sacrifici: vi sono stati momenti in cui tutto sembrava perduto, ma pezzo per pezzo, Kobane è stata ricostruita e trasformata nuovamente nella città dinamica che merita di essere.

Un ramoscello d'ulivo

Spesso vi capiterà di sentire di nuove piantagioni di ulivo nelle libere terre del Rojava, dunque volevo sottolineare quanto questo gesto non sia casuale. L'ulivo è considerato da molte società levantine come simbolo di prosperità e fertilità. Danneggiare un ulivo in tali culture potrebbe apparire come un gesto di disprezzo quasi sacrilego, in quanto oltraggio al rapporto armonioso tra la comunità umana e la natura. Curiosità che quindi tengo a raccontarvi è il fatto che l'ulivo per il suo simbolismo tenda a diventare anche un obiettivo militare.

Tanto i mercenari della Turchia con i curdi quanto, soprattutto, gli israeliani con i palestinesi, sono stati soliti sradicare gli ulivi dalle terre dell'avversario. L'obiettivo simbolico, simile in un certo senso al sale sparso sulle rovine di Cartagine, è quello di sperare nella "sterilità" di quanto è nemico. Incutere, insomma, un terrorismo psicologico dai tratti profanatori nella popolazione soggiogata.

Io credo, inoltre, che il deviazionismo della resistenza palestinese verso un modello islamista e fanatico, abbia ostacolato la prospettiva rivoluzionaria. Credo, inoltre, che una soluzione confederale potrebbe essere applicata anche in tale territorio, rendendo possibile un'alternativa stabile della soluzione a due stati, che comunque sarebbe già molto. Il centralismo non è mai la soluzione più auspicabile per ciascun progetto politico dal momento che la base profonda della società è la comunità, con ciascun elemento organico ed inorganico.

Non vi è società senza la voce della comunità

Quindi una società mediterranea non potrà mai decidere un futuro democratico nel senso profondo di questo termine, senza che le varie comunità, tra cui quella catalonofona, possano essere messe sul medesimo piano di democrazia.

Sfregiando un ulivo, turchi e israeliani vogliono sovvertire l'equilibrio insito tra patria e natura, tra libertà e territorio, tra nazione e pianeta.

Vogliono insomma esercitare una volontà dissacrante nei confronti del mausoleo della libertà che è la natura. Non è un golpe politico, bensì un *golpe naturale* nel quale lo sfregio vuole estraniare il diritto del sottomesso all'abitazione materiale e spirituale del territorio. I popoli soggiogati soffrono insieme al mondo naturale, le acque inquinate, gli alberi abbattuti, i fiumi prosciugati: la sofferenza aleggia tra i venti orientali quanto sulle coste del Mediterraneo.

Nelle campagne catalane e nel deserto siriano la minaccia del sopruso è una crudele realtà tanto quanto la liberazione della Catalogna è la liberazione del mondo naturale stesso e dalle catene nocive del retaggio del dominio.

Il concetto di Bookchin-Rousseau della delega dei poteri decisionali viene visto come un arretramento della volontà partecipativa. Ma, in fondo, io credo che la verità non sia poi tanto distante, dal momento che l'essere umano vede la politica remota (soprattutto l'uomo del Mediterraneo) quanto la natura viene avvertita lontana da questo sistema di mezzi di produzione. L'umanesimo bookchiniano vuole insistere sul potere decisionale e su quella democrazia diretta, la quale io declino in *green democracy,* perché risulta un elogio delle capacità intellettive umane. L'uomo rifiutando l'antropocentrismo si eleva ancora di più a garante della natura e della comunità, non diventa servo di nessuno.

L'elogio dell'intelletto umano non è incompatibile con la lotta all'antropocentrismo: è ciò su cui più volte ho insistito in questo libro e continuerò ad insistere. Delegare sempre di più il potere decisionale dell'uomo quindi della democrazia, vuol dire *anti-radicalizzarla,* quindi distruggerla dall'interno. Non è tollerabile una continua perdita di democrazia, perché si diminuiscono tutti i margini di manovra volti a fermare la catastrofe ecologica: è la semplice realtà.

VIII. Conclusioni

Spero che un giorno tanto un greco quanto un catalano potranno leggere nella loro lingua queste parole. E forse ci saranno persone in politica con degli strumenti tecnici tali da poter applicarle, partendo semplicemente da un adattamento di quanto avevano affermato il Maestro Bookchin, Mouffe e Laclau.

Fortunatamente so già che sto parlando ad un pubblico con una sensibilità maggiore sulle tematiche ecologiche rispetto a quanto si potevamo vedere fino a neanche troppi anni fa. Complici diversi movimenti come *Fridays for Future* che hanno sollevato la questione, anche se a mio parere senza una prospettiva troppo radicale.

- *Fratelli greci, catalani, spagnoli e italiani*
- *Dal basso si possono fare grandi cose, avendo la volontà*
- *La catastrofe ecologica è imminente*
- *L'austerità sta divorando il Mediterraneo*

Il mondo intero è minacciato dal capitalismo sfrenato e dall'onda nera

Rilanciare lo spirito patriottico e libertario, infangato da forme di nazionalismo reazionarie ed anti-ecologiche, è fondamentale per la sollevazione democratica di ciascuna forma di vita da Cipro a Lisbona.

"Ancor prima che il surplus aumentasse in maniera significativa, il ruolo di ogni individuo aveva cominciato a modificarsi passando da un sistema di relazioni egualitarie ad uno elitario basato sempre più sul comando/obbedienza. Fare questa affermazione implica un certo numero di domande piuttosto stimolanti. Chi erano queste élite emergenti? Quale era la base dei loro privilegi? Come sono riuscite ad elaborare nuove forme comunitarie proprie della società organica, forme basate sull'usufrutto, sul modo di produzione domestico, sulla reciprocità e sull'egualita-

rismo, in ciò che sarebbe in seguito diventata la società classista basata sullo sfruttamento? Queste domande non sono accademiche. Esse toccano concetti con una forte carica emotiva che oggi si annidano nell'inconscio dell'umanità: in particolare, l'influenza dei fatti biologici, come il sesso, l'età o il lignaggio, sulle relazioni sociali. A meno che non si esaminino attentamente questi due concetti e non si separi il vero dal falso, è molto probabile che si trascini l'arcaico retaggio del dominio in qualunque futuro sociale ci attenda."

(Murray Bookchin, L'Ecologia della Libertà)

Bibliografia

Bauman Zygmunt. *Globalization: The Human Consequences*, 1998.

Dentro la globalizzazione. Le conseguenze sulle persone, Roma-Bari, Laterza, 1999. ISBN 88-420-5787-8

Bookchin Murray. *L'ecologia della libertà. Emergenza e dissoluzione della gerarchia*, Elèuthera, Milano. 2010. ISBN 978-88-89490-83-9.

Per una società ecologica, Elèuthera, Milano. 1989. *To Remember Spain*. 1994. ISBN 1-873176-87-2

Caldarola Peppino. Fioravante Rosa. *La Sinistra Necessaria*, Castelvecchi, 2017. ISBN 9788832821543

Chomsky Noam. *Chi sono i padroni del mondo*, Milano, Ponte alle Grazie, 2016. ISBN 978-88-6833-349-2

Diamond Jared. *Armi, acciaio e malattie. Breve storia degli ultimi tredicimila anni*, traduzione di Luigi Civalleri, collane "Saggi" n. 821 - "Super ET", Einaudi, 1997, pp. XI, 366, ISBN 88-06-15619-5.

Gramsci Antonio. *La taglia della storia. Idea e prassi della rivoluzione*, NovaEuropa Edizioni, 2018.

Laclau Ernesto. *La ragione populista*, Roma-Bari, Laterza, 2008. ISBN 978-88-420-8546-1.

Egemonia e strategia socialista. Verso una politica democratica radicale, con Chantal Mouffe, Genova, Il melangolo, 2011. ISBN 978-88-7018-776-2

Limes. Rivista italiana di geopolitica. Madrid a Barcellona. Nel conflitto tra Spagna e Catalogna per ora prevale il governo centra-

le. Una rivoluzione vestita da disputa legale. 10/2017

Mouffe Chantal. *Per un Populismo di Sinistra*, Tempi Nuovi. Laterza. 2018 EAN 9788858135075

Öcalan Abdullah. *Le radici della civiltà*, Londra, 2007 ISBN: 978-0745326160

Scritti in prigione: Il PKK e la questione curda nel XXI secolo, Londra 2011 ISBN: 978-0956751409.

Carta del Contratto Sociale del Rojava-Siria, in UIKI ONLUS. http://www.uikionlus.com/carta-del-contratto-sociale-del-roja-va-siria

Simeoni Edmond. 2008 : Lettre aux femmes corses, éditions DCL – stamparia Sammarcelli

Todorov Tzvetan. *I nemici intimi della democrazia*, Milano, Garzanti, 2012. ISBN 978-88-11-60163-0

Varoufakis Yanis. *È l'economia che cambia il mondo: Quando la disuguaglianza mette a rischio il nostro futuro*, Rizzoli, 16 aprile 2015, , ISBN 978-88-586-7868-8.

Viadel Francesc. Catalanofòbia. *El mal invisible d'Espanya*. Bon-Port edicions. Nou País. ISBN: 978-8494165184

Sommario

www.ingramcontent.com/pod-product-compliance
Lightning Source LLC
Chambersburg PA
CBHW022131150726
47992CB00002B/544